前厅服务与管理

主 编 李 琦 王丹凤
参 编 陈令刚 李 洋 胡 蓉

北京理工大学出版社
BEIJING INSTITUTE OF TECHNOLOGY PRESS

版权专有　侵权必究

图书在版编目（CIP）数据

前厅服务与管理 / 李琦，王丹凤主编 . -- 北京：北京理工大学出版社，2021.1
ISBN 978-7-5682-9465-2

Ⅰ. ①前… Ⅱ. ①李… ②王… Ⅲ. ①饭店-商业服务-教材②饭店-商业管理-教材 Ⅳ. ①F719.2

中国版本图书馆 CIP 数据核字（2021）第 012950 号

出版发行 / 北京理工大学出版社有限责任公司
社　　址 / 北京市海淀区中关村南大街 5 号
邮　　编 / 100081
电　　话 / (010) 68914775（总编室）
　　　　　 (010) 82562903（教材售后服务热线）
　　　　　 (010) 68948351（其他图书服务热线）
网　　址 / http://www.bitpress.com.cn
经　　销 / 全国各地新华书店
印　　刷 / 定州市新华印刷有限公司
开　　本 / 787 毫米×1092 毫米　1/16
印　　张 / 15.5　　　　　　　　　　　　　　责任编辑 / 张荣君
字　　数 / 242 千字　　　　　　　　　　　　文案编辑 / 曾繁荣
版　　次 / 2021 年 1 月第 1 版　2021 年 1 月第 1 次印刷　责任校对 / 周瑞红
定　　价 / 38.00 元　　　　　　　　　　　　责任印制 / 边心超

图书出现印装质量问题，请拨打售后服务热线，本社负责调换

前 言

中国旅游业已成为国家战略性发展的支柱产业，中国酒店业呈现持续发展态势，给职业教育旅游与酒店管理专业的发展注入了前行的动力。为适应职业教育教学改革的需要，本书在编写过程中，强调既要培养学生从事前厅部岗位所具备的专业能力，又要重视培养学生职业生涯发展所需要的关键能力。为达到以上要求，我们在教材目标的定位、内容的筛选、结构的设计、素材的选择上，做了充分的考虑和精心的设计。

本书是一本与酒店前厅岗位直接对接，以岗位任务为项目的酒店前厅职场实战教材。本教材从实际工作出发，根据前厅部工作人员的实际工作需要，提炼编写前厅岗位职责、工作流程标准、岗位任务项目、操作规范要求。

在充分调研、分析酒店管理专业实训教学现状及教学资源需求的基础上，本教材体现实训教学、讲练结合。根据前厅部各岗位工作任务，本书设计了11个单元，采用任务驱动的教材结构创设情景，引领学生轻松愉快地学习，培养学生发现问题、分析问题和解决问题的能力。本书适合职业院校旅游与酒店管理类专业的学生及酒店员工的培训。

为了使学生更加直观地理解前厅服务与管理的内容，书中通过二维码的形式链接了部分视频内容，主要是由二维动画仿真呈现前厅运营的实践操作。读者通过扫描书中的二维码，即可在课堂内外进行相应知识点的学习。

本书在编写过程中，参阅了大量专著和书籍，得到了教学合作企业万豪集团旗下的喜来登品牌酒店的大力支持和帮助。由于编者水平有限，编写时间仓促，本书若有疏漏之处恳请读者不吝赐教，以便进一步修订。

编 者

目 录

单元一　认识前厅 ·· 1
　　任务一　酒店前厅部相关介绍 ··· 1
　　任务二　前厅部员工的岗位职责和素质要求 ·································· 9
　　任务三　认识前厅相关设备 ··· 15
　　　实训一　酒店前厅部现场认知 ·· 21
　　　实训二　设计酒店前厅部功能布局 ·· 23

单元二　电话总机服务 ·· 26
　　　实训一　转接电话 ·· 29
　　　实训二　普通客人叫醒服务 ·· 32
　　　实训三　VIP 叫醒服务 ·· 34
　　　实训四　电话"免打扰"服务 ·· 36

单元三　问讯服务 ·· 40
　　　实训一　客人方位确定 ··· 45
　　　实训二　处理客人保密/筛选电话要求 ······································ 47
　　　实训三　处理留言 ·· 49

单元四　礼宾服务 ·· 52
　　　实训一　为进出店客人拉车门服务 ·· 59
　　　实训二　为进出店客人拉大门的服务 ·· 61
　　　实训三　散客到店时的行李服务 ··· 63
　　　实训四　散客离店时的行李服务 ··· 66
　　　实训五　团队客人到店时的行李服务 ·· 68

　　实训六　团队客人离店时的行李服务 …………………………………… 70
　　实训七　行李寄存服务 …………………………………………………… 72

单元五　客房预订与销售 …………………………………………………… 75
　　实训一　电话预订的受理 ………………………………………………… 85
　　实训二　客房预订变更 …………………………………………………… 87
　　实训三　传真及网络预订 ………………………………………………… 89
　　实训四　客房销售 ………………………………………………………… 91

单元六　前台接待服务 ……………………………………………………… 95
　　实训一　交接班记录簿的使用 …………………………………………… 109
　　实训二　房间分配 ………………………………………………………… 111
　　实训三　为抵店客人做准备 ……………………………………………… 113
　　实训四　无预订的散客入住 ……………………………………………… 115
　　实训五　有预订的散客入住 ……………………………………………… 117
　　实训六　换　房 …………………………………………………………… 120
　　实训七　团队入住 ………………………………………………………… 122
　　实训八　客人延住 ………………………………………………………… 125
　　实训九　预计离店宾客处理 ……………………………………………… 127
　　实训十　报表打印 ………………………………………………………… 129

单元七　前台收银服务 ……………………………………………………… 132
　　实训一　账目说明 ………………………………………………………… 139
　　实训二　收取现金押金 …………………………………………………… 141
　　实训三　散客结账 ………………………………………………………… 143
　　实训四　团体结账 ………………………………………………………… 146
　　实训五　保险箱服务 ……………………………………………………… 148
　　实训六　保险箱钥匙丢失的处理 ………………………………………… 151
　　实训七　外币兑换 ………………………………………………………… 153

单元八　"金钥匙"服务 …………………………………………………… 156
　　实训一　寻人服务 ………………………………………………………… 162
　　实训二　订车服务 ………………………………………………………… 163

实训三	转交物品服务	165
实训四	旅游服务	167
实训五	订票服务	169
实训六	外修、外购服务	171

单元九　大堂副理服务 …… 174

实训一	处理客人投诉	180
实训二	失物招领程序	182

单元十　商务中心服务 …… 186

实训一	代客复印	188
实训二	代客打字	190
实训三	接收传真服务	192
实训四	发送传真服务	194
实训五	翻译服务	196
实训六	会议室租用服务	198

单元十一　前厅督导管理 …… 201

任务一	前厅督导管理相关	201
实训一	前台主管日工作	217
实训二	前台领班日工作	219
任务二	前厅部员工培养	221
任务三	文档管理	227
实训三	散客客史档案整理	232
任务四	安全事故的防范与处理	234

参考文献 …… 240

单元一　认识前厅

学习目标

1. 了解前厅部的地位和作用。
2. 掌握前厅部的工作任务和工作内容。
3. 了解前厅部员工的岗位职责。
4. 掌握前厅部员工素质要求。
5. 了解前厅功能布局与装修。
6. 了解前厅设备。
7. 了解前厅部的发展趋势。
8. 能够设计酒店前厅部功能布局。

任务一　酒店前厅部相关介绍

前厅部（见图1-1）的运转和管理水平，直接影响到整个酒店的经营效果和对外形象，而且反映出酒店的工作效率、服务质量和管理水准的整体面貌。

酒店前厅部现场认知

图 1-1　酒店前厅部

一、前厅部在酒店中的地位和作用

前厅部又称大堂部、前台部，是酒店经营管理中的一个重要部门，是酒店开展业务活动及实施对客系列服务的综合性部门。前厅部在酒店各业务部门中，以其接触面广、政策性强、业务复杂，在酒店中具有举足轻重的地位。主要表现在以下几个方面。

（一）前厅部是酒店形象的代表

前厅处于酒店接待工作的最前沿，是酒店最先迎接宾客和最后送别宾客的地方，也是使宾客对酒店产生第一印象和留下最后印象的重要环节。因此，前厅在酒店的总体形象中起着重要作用。

首先，酒店前厅的建筑布局、色彩氛围等要体现出酒店星级、特色及文化品味。独具特色的酒店前厅设计，不仅能加深住店宾客及社会公众对酒店的印象，而且有助于酒店实现自身的目标市场定位，即在宾客心目中形成一个对酒店产品、形象、档次的基本评价。其次，前厅服务人员的衣着、仪表、举止、语言等能给住店宾客和社会公众留下非常深刻的印象，并影响着他们对酒店整体形象的认知，这在很大程度上决定了客人进店后是否入住，以什么价格入住，入住后是否愉快，是否再次光临。所以，可以说前厅是酒店工作的"橱窗"，代表着酒店的对外形象。

（二）前厅部是酒店的销售窗口

前厅部是酒店销售的窗口。虽然前厅部通常销售的客房数量要低于市场营销部,但前厅柜台推销客房最终达成的价格一般要高于市场营销部的销售价格。前厅的问讯处除了为宾客提供问讯服务外,还可以向宾客推销酒店的餐饮、酒吧、商场、康乐等部门的产品和服务。因此,前厅部通过客房商品的销售带动酒店其他部门的经营活动,从而提高酒店的经济效益。

(三) 前厅部是酒店的服务中心

前厅部是一个综合性的服务部门,其服务项目多、服务时间长,并贯穿于客人在酒店内活动的全过程,因此它是酒店的服务中心。前厅部通过酒店产品的销售和服务信息的传递来带动酒店其他各部门的服务工作,如客源流量、接待规格、结算标准和付款方式等。它的工作涉及酒店的方方面面,在一定程度上决定着其他部门的工作效率与服务质量。

(四) 前厅部是酒店的信息来源

信息是酒店把握市场、搞好经营管理和提高服务质量的重要因素,也是经营决策的重要依据。前厅部是酒店的信息中心,它搜集、整理、统计、汇总、分析、传递、保存了关于市场与宾客的大量重要信息,如宾客预订、入住登记、客史档案、宾客投诉等。对酒店其他部门来说,它们所需要的信息绝大部分来源于前厅部,这些部门将根据前厅部所提供的信息来计划和组织对客服务工作。只有及时、准确地了解宾客的特点和需要,才能使服务工作更有针对性地进行,同时也使酒店管理机构制定的各项经营管理决策更科学、更合理。

(五) 前厅部是酒店的第一道安全防线

前厅是宾客进出酒店的主要场所。前厅工作人员在做好本职工作的同时,应细心观察进出前厅的每一个人,对行踪可疑或利用客房的隐蔽性从事违法活动的人员,要提高警惕,并与酒店的保安部门联系,为酒店安全把好关。另外,前厅部员工应管理好客房钥匙、客人寄存(或转交)的行李物品及贵重物品,保证住店客人的人身和财产安全。因此,有效提高前厅工作人员的安全意识就为酒店筑起了第一道安全防线。

二、前厅部的工作任务

前厅部在酒店中的地位和作用决定了它的基本工作任务是推销酒店客房及

其他产品,协调酒店各部门向宾客提供满意的服务,使酒店获得理想的经济效益和社会效益。具体说来,前厅部的工作任务主要有以下几项。

(一)销售客房

销售客房是前厅部的首要任务。客房收入是酒店经济收入的主要来源。据统计,目前国际上客房收入一般占酒店总收入的50%左右,而在我国还要高于这个比例。因此,前厅部必须参与酒店的市场调研和市场预测,参与客房价格及促销计划的制订,配合营销部进行宣传促销活动,开展客房预订业务,接受客房预订并对预订进行计划安排和管理,掌握并控制客房出租状况,为客人办理入住登记手续,安排并确定客房价格,以此完成销售客房的任务,带动酒店其他产品的销售,从而增加酒店的经济收入。

(二)协调对客服务

前厅部既是酒店综合服务的总枢纽,又是协调客人和其他部门的桥梁。其联络和协调的功能表现在以下3个方面:①将销售中所掌握的客源市场预测、客房预订及到客情况及时通报其他各个部门,使各部门有计划地安排好各自的工作,并相互配合。②通过与宾客或接待单位接触,将所掌握的客人需求及接待要求传达给各个部门,并检查及监督落实情况。③通过受理宾客投诉,将所掌握的意见、抱怨及处理意见及时反馈给有关部门,以保证酒店的服务质量。只有这样,才能保证客人满意,提高酒店的整体服务水平,才能争取更多的"回头客",提高客房出租率。

(三)提供前厅服务

前厅部除了开展客房预订、销售客房产品、协调各部门对客服务外,还要提供诸如迎宾送客、行李服务、贵重物品保管、问讯服务、电话服务、收银结账服务及委托代办服务等一系列工作,由于这些工作都是直接面向客人的,因此不能出现任何失误和差错。

(四)处理客人账目

前厅部收银处的基本工作是管理客人账单,因为账单是处理客人账务的基本依据。酒店客房账单、餐厅及酒吧账单和其他项目的消费账单,都要汇集到前厅部来进行统一处理。因此,前厅部必须及时、准确地获得客人的消费账单,并进行审核和统计,以便在客人结账离店时,能够迅速、准确地为客人办理账

单元一　认识前厅

务手续。

（五）处理信息，建立客史档案

前厅部每天能接触到大量的信息，如客源市场、产品销售、营业收入、客人需求及反馈意见等信息。所以，前厅部要及时将这些信息处理成数据、报表，定期进行统计分析，向酒店的管理机构和各部门通报，以便及时发现问题，在经营管理上作出调整。另外，前厅部还要为住店宾客，尤其是常客建立客史档案，记录客人在店逗留期的主要情况。这些资料是酒店向客人提供周到的、具有针对性的、个性化服务的依据，也是酒店加强对客源的了解、增加市场渗透力、提高酒店客房销售能力的信息来源。

三、前厅部的主要工作内容

就高星级酒店的前厅部而言，前厅部的每个岗位都专门负责一部分相对独立且非常专业化的工作。无论酒店的规模大小，是否有独立的前厅部，这些工作都是必要的。这里我们以高星级酒店的前厅部为标准来总结其主要工作内容。

（一）店外迎送服务

机场、码头、港口、车站等场所，都有可能作为酒店外迎送服务的地点，一般在本酒店主要客源接送点设迎送站，其他场所可因客人提出预约而专门设立临时接送服务点。

（二）店内迎送服务

店内迎送服务通常是指酒店门童和行李员的服务。酒店前厅部会专设门童这个岗位为进出酒店大门的客人提供迎送服务。其服务内容包括为所有进出酒店的客人提供上下车、进出门的协助服务等。行李员则为酒店所有客人提供行李运送、寄存等服务。

（三）委托代办服务

委托代办服务包括代送物品、代购等服务。例如，店外的人员带了物品来酒店找住店客人，但刚好该客人外出，这时，前厅部员工就负责接受外来人员的委托，将其要送给住店客人的物品代为送达。有的客人因为特殊情况无法自己去购买所需物品时，礼宾部也可以代为购买。委托代办服务必须在酒店的正式业务受理范围内，并且要有委托字据，以免出现不必要的麻烦。

（四）电话服务

电话服务主要指接转酒店内外电话。酒店内部，包括客房、各部门办公室和营业场所一般都有很多电话分机，分机打分机的情况就是内线电话。酒店各授权分机打外部电话，或者外部电话打入酒店，称为外线电话。每天总机和前厅部的其他岗位都要接听、接转很多的内外线电话，包括处理电话留言，提供电话叫醒、查询等服务。

（五）客房预订服务

酒店前厅部主要提供各种散客预订服务，同时还需要协助销售部进行团队预订服务。散客预订服务包括面对面、电话、传真、网络等方式的散客客房预订。

（六）登记入住、转房服务

入住前，所有客人都需要进行入住登记，前厅部则需按顾客要求将房间分配给每位入住客人。如果客人要转房，也由前厅部提供整套服务。

（七）货币兑换

货币兑换通常包括零整钱的兑换，以及外币、支票的兑换服务。

（八）记账和结账

前厅部需要记录客人在酒店的每一笔明细消费，在客人需要时进行账目查询和结算。

（九）信息咨询服务

信息咨询服务指前厅部向酒店顾客及酒店相关部门提供各种与住店客人相关的信息收集和咨询服务。

（十）建立客史

前厅部应在保证客人资料安全的前提下建立顾客的消费资料电子档案，并不断更新，为酒店各个部门的对客服务提供参考。

（十一）协调各项服务

前厅部需将各类顾客的消费需求及时传达到各部门，协调各部门对客服务。

（十二）商务服务

现代酒店可提供的商务服务种类越来越齐全，包括传真、排版打字、复印、制作广告、出租电脑及会议室、翻译等一系列的现代商务秘书服务。

（十三）留言服务

当有来访者来找住店客人却碰巧住客外出时，接待来访者的前厅服务人员将提供留言送达服务。留言服务还包括为店内客人提供电话留言服务。

四、前厅功能布局与装修

前厅是酒店核心区域之一，是酒店的门面，是酒店文化的展示窗口，是宾客进出酒店的集散地，是酒店对客服务的枢纽。前厅面积的大小取决于酒店的类型、星级和规模，应与客房数成一定比例。设计前厅时须注意：前厅面积应满足需要，合理设置；前厅空间高度与面积比例协调，利于环保，舒适度高。

酒店前厅部功能布局设计

（一）总服务台

总服务台是酒店的中心，是宾客形成第一印象的关键所在，应设置在门厅正对面或侧面醒目位置。总服务台长度及区域空间大小应与酒店星级高低和客房数相匹配。总服务台可采用站立式或坐式两种。不同星级酒店的总服务台设计及布局要求各异。

一星级酒店：设总服务台，并提供客房价目表及城市所在地的旅游交通图等相关资料。

二星级酒店：应有与酒店规模相适应的总服务台，位置合理，提供客房价目表及城市所在地的旅游交通图、旅游介绍等相关资料。

三星级酒店：应有与接待规模相适应的前厅和总服务台，装修美观，提供酒店服务项目资料、客房价目等信息，提供旅游交通图、旅游资源信息、主要交通工具时刻表等资料，提供书籍、报刊。

四星级酒店和五星级酒店总服务台位置合理，接待人员应24小时提供接待、问询和结账等服务，并能提供留言、总账单结账、国内和国际信用卡结算及外币兑换等服务。

(二) 行李寄存

行李寄存处应设置于酒店前厅合理区域内。不同星级酒店行李寄存处的设计要求各异。

一星级酒店和二星级酒店：应提供贵重物品保管及小件行李寄存服务。

三星级酒店：应提供贵重物品保管及小件行李寄存服务，并专设寄存处。

四星级酒店：应专设行李寄存处，应有专职行李员，配有专用行李车，18小时提供行李服务，提供小件行李寄存服务。

五星级酒店：应专设行李寄存处，应有专职行李员，配有专用行李车，24小时提供行李服务，提供小件行李寄存服务。

(三) 贵重物品保管

贵重物品保险箱是酒店能够保证宾客隐私、供宾客免费寄存贵重物品的安全设备。不同星级酒店贵重物品保管设施要求各异。

一星级酒店和二星级酒店：应提供贵重物品保管及小件行李寄存服务。

三星级酒店：除应提供贵重物品保管及小件行李寄存服务外，还应专设寄存处。

四星级酒店和五星级酒店：应配有酒店与宾客同时开启的贵重物品保险箱，保险箱的位置应安全、隐蔽，能够保护宾客的隐私。

(四) 非经营休息场所

前厅非经营区宾客休息场所主要供店内宾客短时等待、休息或交流使用。位置合理的宾客休息场所能够起到疏导、调节前厅人流的作用。四星级酒店和五星级酒店的宾客休息场所应设在前厅非经营区域，服务设施能满足宾客短时就座休息的需要；三星级酒店须在公共区域设宾客休息场所；而一星级酒店和二星级酒店则不要求设置宾客休息场所。

【知识链接】

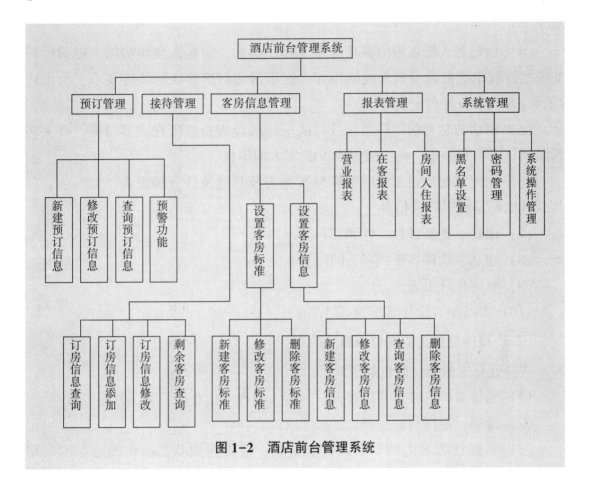

图 1-2　酒店前台管理系统

任务二　前厅部员工的岗位职责和素质要求

一、前厅各部门员工的岗位职责

(一) 预订处员工的岗位职责

预订处员工的岗位职责如下。

(1) 受理并确认各种来源（电话、传真、信函或网络）的订房及订房的更改、取消。

(2) 记录并保存按日期、字母顺序排列的各类预订资料。

(3) 努力推销客房，了解有关公司、旅行社等提供客源合约单位的接待要求。

(4) 做好客人抵店前的各项准备工作。例如，为客人预留房间，提前做好贵宾接待规格的报表审批及通知工作，逐步落实订房客人的特殊要求，为抵店的预订客人准备好登记表等。

(5) 密切与总台接待联系，及时向前厅部经理及总台有关部门提供有关客房的预订资料和数据，向上级提供 VIP 客人的信息。

(6) 制定客房出租车情况的客情预测表及其他统计分析报表，为酒店管理层及其他部门提供经营信息。

(7) 保管、更新各种文件和资料。

(8) 建立、管理客史档案，随时更新完善。

(9) 制定预订报表。

(10) 参与制订全年客房预订计划。

(二) 接待处员工的岗位职责

接待处员工的岗位职责如下。

(1) 销售客房，接待住店客人，为客人办理入住登记手续，分配房间。

(2) 排房，定房价。

(3) 掌握住店客人的动态及信息资料，控制房间状态，正确地显示客房状况。

(4) 协调对客服务，保持与有关部门间的有效沟通。

(5) 建立客账。

(6) 制定客房营业日报等各类营业分析报表，制作销售客房的统计分析报表。

(7) 在节假日或非正常班工作时间内，代理前厅非 24 小时运行部门的工作。

(8) 回答客人问讯，包括介绍店内服务及有关信息、市内观光、交通情况、社团活动等。

(9) 接待来访客人。

(三) 收银处员工的岗位职责

收银处员工主要负责宾客在店一切消费的收款业务。实际上，很多国际高星级大酒店都将接待、问讯、收银员工作职责合为一个岗位,职位名为接待员、宾客服务代表等。收银处员工岗位职责如下。

(1) 在严格遵守财务制度和操作规程的基础上,建立和管理宾客账目,提供客人一次性结账服务,处理旅行团队的经费结算业务。

(2) 负责处理客人账务,为客人办理离店结账手续(收回房间钥匙、核实客人信用卡、负责应收账款的转账等)。

(3) 与酒店各营业点的收银员联系,核实、催收账单,准确记录客人的消费总额。

(4) 准确熟练地填写发票,收、点客人的现金和支票。

(5) 代办宾客的外币兑换、零钱兑换服务。

(6) 提供宾客消费构成的统计分析资料,以供酒店管理层决策和改进服务做参考。

(四) 礼宾部员工的岗位职责

礼宾部员工的岗位职责如下。

(1) 做好随时为客人服务的准备。

(2) 在酒店大厅或机场、车站迎送宾客,主动提供为客人带路、运送行李、寄存行李、提取行李等服务,介绍各种酒店服务设施与使用方法,收取钥匙,寄存和出借酒店的雨伞、轮椅和包装物品,以及提供派送各种留言、报表、报纸、杂志、信件、通知、传真、特快专递、电传等服务,态度应热情周到。

(3) 陪同散客进房并介绍房间。

(4) 代客召唤出租车或约车服务。

(5) 看管行李专梯,协助本部门和其他相关部门运送物品。

(6) 提醒客人注意行李物品的安全,建议客人将贵重物品与大额现金放到总台保险柜保管。

(7) 协助管理和指挥门厅入口处的车辆停泊,确保畅通和安全。

(8) 外出完成委托代办服务。

(9) 在区域内回答客人的询问,并向客人提供本酒店和本市的基本情况,方便客人出行。

(10) 传达有关酒店内部的通知单、文件、报表、报纸等。

(11) 更换本酒店的各种旗帜。

(12) 负责酒店的专线服务,并做好相关记录。

（五）电话总机

话务员的主要职责如下。

（1）转接电话。

（2）为客人提供"请勿打扰"电话服务。

（3）挂拨国际、国内长途，并计算费用。

（4）提供叫醒服务。

（5）提供留言服务。

（6）提供查询服务。

（7）提供找人服务。

（8）传播或消除紧急通知或说明。

（9）做好其他服务项目。例如：监视火警报警及电梯运行装置、播放背景音乐等。

（六）商务中心员工的岗位职责

商务中心员工的岗位职责如下。

（1）为客人提供打字、翻译、复印、传真、长途电话，以及互联网等商务服务。

（2）为客人提供高效的秘书性服务，便于宾客工作。

（3）提供文件加工、整理和装订服务。

（4）提供计算机、幻灯机等的租赁服务。

（5）提供代办邮件和特快专递服务。

（6）做好客人委托的其他代办服务等。

（7）提供良好的商务活动环境和商务服务，争取尽可能多的商务客源。

【小贴士】

> **商务楼层接待处**
>
> 　　商务楼层在很多酒店又被称作行政楼层或贵宾楼层。商务楼层接待处的职责与大堂前台的接待处员工相同，但服务对象基本上只是所负责楼层的客人。

（七）问讯处员工的岗位职责

问讯员的首要任务是向客人提供准确无误的店内外信息，同时，在客人住

单元一　认识前厅

店期间，还要提供钥匙、邮件等其他服务项目。其主要职责有以下几点。

（1）熟悉本酒店的一切情况，熟练掌握电脑操作，熟悉本市、本地区的主要游览、交通、购物、民俗等情况，对客人的问讯能够给予及时和准确的答复。

（2）为客人代办代理订房、取送物品、邮寄包裹信件、购物、签证以及购买车、船、飞机票等各项相关服务，为客人解决遇到的一切疑难问题。

（3）根据来访者提供的信息（如姓名、房号等）与住客联系，经住客同意后，安排与之会面。

（4）收发保管客房钥匙。当客人外出时，暂时代替客人保管。

（5）接待处理客人的投诉与意见，通过与相关部门沟通、协调，解决服务中的问题。

（八）大堂副理

大堂副理是按照国外最先进的酒店管理集团的经营理念，专门为一些重要客人提供酒店所需之外服务的高级服务人员，要为顾客提供个性化的服务，提高顾客在酒店居住期间的满意度，是酒店联系顾客的纽带。

（1）代表酒店迎送VIP宾客，处理重要事件以及记录特别客人和宾客的有关事项。

（2）迎接并引领重要宾客到指定的房间，向其介绍房间设施和酒店情况，做重要宾客离店记录，落实贵宾接待的每一个细节。

（3）了解当天及以后房间状态走势，尽量参与接待处工作，与宾客谈话时可适当介绍酒店设施。

（4）处理客房部报表与接待处之间出现误差的房间，并亲自锁定房间。

（5）为生病或发生意外事故的宾客安排送护或送医事宜。

（6）如果宾客有贵重物品遗失，大堂副理负责协助寻找及善后的处理工作。

（7）处理宾客投诉，针对宾客心理正确解决问题。

（8）每天坚持记录当天发生的事及投诉处理情况，并向前厅部经理汇报。

（9）决定是否处理宾客支票及处理关于宾客结账时的问题。

（10）与财务部人员配合，追收仍在酒店住宿宾客拖欠的账款。

（11）对酒店内外进行巡查，以保证各项功能运转正常，以及排除可防范的可疑因素。

（12）与保安人员及工作部人员一起检查发出警报的房间。

（13）与保安部及接待处紧密联系，当遇到危险事故，应果断决定，视情况疏散宾客。

(14) 检查大堂范围内需维修的项目，并督促有关部门及时维修。

(15) 记录和处理换锁、换钥匙的工作。

(16) 做好本单位范围内的防火防盗工作。

(17) 向领导反映有关员工的表现和宾客意见。

(18) 在前厅部经理缺席的情况下行使前厅部经理的权职。

(19) 做好领导交代的其他工作。

二、前厅部员工的素质要求

（一）仪表、仪态

前厅服务员必须着装整洁、大方，面带微笑、主动热情，讲究礼仪、礼貌，彬彬有礼地接待客人。而且要反应灵敏、记忆准确、表情自然，能够留意客人表情，注意客人的动作，掌握客人的心理。许多酒店规定前厅服务员上岗前要洗头、吹风、剪指甲，男性员工保证无胡须，发型大方，女性员工可以化淡妆、朴素雅致。前厅服务员的仪表、仪容直接影响酒店的形象，关系到服务质量、客人的心理活动，甚至影响到酒店的经济效益。所以，酒店前厅服务员首先在仪表、仪态上给客人形成一个管理有素、经营有方的印象，使其愿意再次光临。

（二）语言

前厅服务员不仅应有良好的仪容、仪表，而且必须注意语言得体，声调令人愉快，言语内容恰当，具备灵活的语言策略和技巧。这样，前厅的服务就显得生机勃勃。前厅服务员必须掌握两门外语的基本会话，发音标准，表达准确。

（三）行为举止

优秀的前厅服务员应该做到站姿标准、行为规范、举止大方。尽量避免或克服不好的动作习惯，如吸烟、嚼口香糖、在工作场所吃喝、大声叫喊、勾肩搭背、指手画脚等。

（四）应变能力

应变能力是前厅服务员应该具备的特殊服务技能与素质。因为客人来自全国各地或异国他乡，其不同的生活习惯、不同的知识与修养会产生不同的行为表现。酒店在经营中也会出现失窃、火灾以及账目失控等特殊的情况。前厅服务员只有具备了应变能力，才能妥善处理好这些特殊问题。在任何情况下，前厅服务员都应沉着冷静、灵活多变地处理好每个特殊事件。

（五）诚实度

前厅服务员必须具有较高的诚实度，这一素质在酒店经营中已愈加重要。特别是在涉及出纳及外币兑换工作时，前厅服务员必须严格遵守工作纪律；在接待工作中，客房的优惠必须符合酒店的规定，绝对不能以工作之便，徇私舞弊。

（六）知识面

前厅服务员在工作中经常能碰到客人各种各样的提问。这些问题涉及经济、旅游、风俗、文化以及酒店相关情况等。前厅服务员只有具备较宽的知识面和丰富的专业知识，才能为客人提供准确的信息。

（七）合作精神

前厅就是酒店的一个"舞台"，每一位员工都在扮演一个特定的角色，要想演好这场戏，就需要员工的集体合作。当接待员忙于接待时或因特殊情况离开工作岗位时，其他员工必须能够替代其工作，并使客人满意。员工不能把个人的意见或恩怨带到工作中来，否则会破坏整个酒店的形象。

任务三　认识前厅相关设备

一、柜台设备及用品简介

1. 电脑

前厅部应配备多台电脑（见图1-3），可以随时显示客人全部资料，包括客人预订、入住、押金、个人资料、离店、店内消费记账等。通常100间客房以内的酒店至少应设两台显示器；100~500间客房的酒店应每增加100间客房加设一台显示器为宜；500间以上客房的酒店，超过500间客房的部分应以每增加200间客房再加设一台显示器为宜。

2. 打印机

前厅部应备有两台以上的打印机（见图1-4），在办理预订、入住及结账业务时可用来打印相关单据和表格。打印机的出纸速度要快，分辨率要适当，要选用不容易夹纸及便于修理、保养的品牌。平时使用时，要尽量把打印机调到省墨状态，并尽量用纸的正反两面打印，以减少消耗，降低成本。

图1-3 电脑

图1-4 打印机

3. 扫描仪

按公安部门的要求，前厅部应配备专用扫描仪（见图1-5），用于扫描住客的各类身份证件。使用扫描仪可使入住登记工作更快捷、更准确。

4. 复印机

总服务台应备有复印机（见图1-6）以复印各种资料文件，可以与商务中心合用。

图1-5 扫描仪

图1-6 复印机

5. 钥匙及信件架

传统的钥匙及信件架是一个设置于总服务台下部或侧面的多格木架，每一格代表相应的空间,格子的大小及深浅应以完全放下有酒店标志的钥题牌和钥匙及一个航空信封为宜。部分酒店将钥匙及信件架分开设置,另有少数酒店将钥匙及信件架设置于总服务台后面靠墙的位置处。钥匙架如图 1-7 所示。

6. 客房钥匙卡(见图 1-8)

随着酒店业的迅速发展,客房用锁已趋于采用一些安全可靠的新型门禁,以解决传统机械弹子门锁钥匙易仿制,安全性差的难题,新型客房钥匙系统的种类主要有 IC 卡锁、电脑磁卡锁、电子光卡锁、磁片机械锁(又称磁片锁)等。

图 1-7 钥匙架

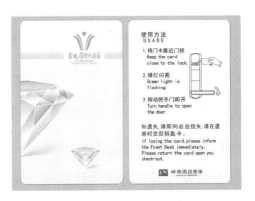

图 1-8 客房钥匙卡

7. 保险箱

高级酒店的前厅应设贵重物品保险箱,24 小时对客免费服务。保险箱一般放置于邻近总服务台前厅收款处安全、隐蔽的专用房间内。目前,越来越多的高星级酒店在每间客房内设置了可供宾客自己设置密码并存取的贵重物品小保险箱(见图 1-9)。贵重物品保险箱分格编号应清楚,完好率和保险系数要达到100%,贵重物品保险箱的数量通常为客房数的 15%~20%。客源集中、散客比例高的酒店可以适当增加这一比例。

8. 信用卡刷卡机

总服务台应该备有信用卡刷卡机(见图 1-10)及 POS 机,分别用于手工刷信用卡和电脑刷信用卡。刷卡时,收银员应当着宾客的面将宾客签过名的签购单销毁。

图1-9　保险箱

图1-10　信用卡刷卡机

9. 账单架

总服务台还应该备有账单架，分别用于存放团体和散客的账单。

10. 收款机和验钞机

总服务台的前厅收款处应备有收款机，以加快收款的速度；还应备有验钞机，以识别各币种的真伪。

11. 计算器

总服务台应备有多个计算器（见图1-11），以便及时地为宾客计算消费金额、统计相关数据，及时准确地收回客账，完成报表制作工作。

12. 打时器

总服务台还应该准备打时器，用来为收到的各种信件、文件及资料打上时间，以控制收发信件，文件及资料的速度。

图1-11　计算器

13. 档案小车

可以推动的档案小车用于存放订房档案夹，以方便取用。

二、行李组设备

1. 行李车

行李车有大小两种（见图1-12），分别用于装载团体行李和散客行李。行李车可以设计成两轮的，也可以设计成四轮的。

2. 行李寄存架

行李寄存架（见图1-13）放置于行李房中。行李寄存架有两种：一种是固定格子的；另一种可以分成一个个可以任意调整大小的格子，每个格子通常只放一批宾客的行李。同一批宾客的数件行李应用绳子串起来放入行李房中的一个格子内。

图1-12　行李车

图1-13　行李寄存架

3. 伞架

无论酒店是否提供免费或出租雨伞的服务，酒店都应该在大门口设置带锁的雨伞架（见图1-14），供宾客自己存放雨伞。

4. 轮椅

酒店应提供轮椅供老、弱、病、残等行动不便的宾客进出酒店使用。有些酒店还在行李房中存放担架，以供抢救危重病人之用。此外，有的酒店还备有婴儿车架及包装行李用的绳子、剪刀等用品，以方便宾客使用。

图1-14　雨伞架

三、总机房设备

总机房设备主要包括程控电话交换机、电话自动计费器、呼唤机总台及自动叫醒控制系统等。

四、礼宾部设备配置

礼宾部设备配置有工作台、文件柜、电脑、打印机、电话、文具、胶带（宽、窄）、绳子、磅秤（称邮件的地秤、称信件的电子秤）、计算器、地图、酒店介绍、航空时刻表、火车时刻表、邮政编码簿、电话号码簿等。

【知识链接】

前厅部的发展趋势

一、前厅将进入电子商务化阶段

国际上旅游业的数字化发展势头迅猛，酒店业的网络化运作和智能化管理越来越普及，大型连锁酒店集团基本上已经实行了无缝的数字化管理和运营，旅游电子商务已经成了旅游业发展不可逆转的趋势。据调查显示，在旅游信息化发展相对较好的广东省，7 000家宾馆酒店中建立网页的有1 035家，有独立域名的为28家，能够实现在线订房的只有18家。在我国，拥有全球分销系统（Global Distribution System，GDS）的基本上都是三星级以上的酒店，仅占17%左右，总体信息化水平落后于国际水平10~15年。从总体态势来看，前厅部的电子商务化和智能化管理将是大势所趋。这意味着前厅部将进入直销和精简人工的时代。与之相应的是酒店前厅人员的聘用条件将面临挑战。

二、酒店预订网络化趋势

进入21世纪，酒店为了提高客房利用率和市场占有率，将利用包括价格在内的各种手段鼓励客人提前预订客房，客人将根据其提前预订期的长短，在房价上得到不同程度的优惠（提前期越长，优惠程度越大），且信息技术的发展也极大地方便了客人的预订。进行网络预订时，客人可以网上支付房费、选择房型、打出订房确认表或记住订房确认号。客人只需凭订房确认号至酒店总台领房卡即可。可以预见，将会有越来越多的客人在来酒店前，通过电话和互联网预订客房，没有预订而住店的"散客"将越来越少。其中网上客房预订将成为一种新的发展趋势。

三、精简机构，一职多能

为了节约成本，前厅部将采取各种措施提高管理和服务效率，节流挖潜。一职多能既可以精简机构，也可以培养人才。根据客人的活动规律，上午是客人房较为集中的时段，收银员的工作较为繁忙，接待员则较为清闲。考虑到这一点，大部分酒店的前台都会将接待和收银的工作合并，前台的每一位职员都可为客人提供登记、问询和结账服务。对员工进行一职多能的培训，可让他们掌握更全面的业务技能，成为出色的服务从业人员，以便为客人提供全方位的服务，提高酒店的整体服务水平。

四、前厅服务更加优化和细化

对于提供了详细预订资料的客人，前厅部接待人员会提前做好准备，为客人填写（打印）好住宿登记表。客人入住时，只需签名制卡，取钥匙就可上房。对于没有预订的散客，接待人员也会主动为其填写住宿登记表，客人只需签名即可。前厅部任何一位员工都必须为有需要的客人提供服务及帮助，不能由于部门的不同而怠慢客人，客人只需要将自己问题向前厅员工提出就可得到解决，不会遇到将同一个问题向不同的员工复述或被"推来推去"的现象，做到一步到位的服务。越来越多的酒店前厅将为客人提供一条龙服务：酒店代表在机场接到客人后会致电有关部门，接待组就会准备客人的入住资料、钥匙等；司机在快到达酒店时会再致电酒店，"金钥匙"或行李员会在门口迎候客人；客人一下车，接待人员就会称呼其姓名并带客人到接待处登记，取钥匙上房，整个过程一气呵成。为客人提供"一条龙"服务，要求部门和岗位之间有良好的沟通和衔接。

五、商务中心的职能退化

信息技术飞速发展，越来越多的客人可以通过互联网直接订票，发送、接收电子邮件和传真，对酒店商务中心的依赖程度大大减少，酒店商务中心的职能将更新改变，直至消失或发生转换。

六、酒店的定价策略将更加灵活

前台接待人员将得到更大的授权，根据客人及酒店的实际情况，灵活定价。为了提高前台销售人员工作的积极性，最大限度地提高酒店的经济效益，酒店会将接待人员的奖金与其每月的销售业绩挂钩。越来越多的酒店将没有固定的房价，而是根据当天的开房率来定价，以创造最大的利润。但有些酒店为了维持其档次及信誉，会保持相对固定的价格水平，不会轻易降低或提高价格。

实训一　酒店前厅部现场认知

一、实训内容

酒店前厅部现场认知是采取现场参观酒店的形式，由教师带领学生参观星级酒店，由酒店员工进行现场讲解，对运转中的酒店前厅部进行形式上的认知。

二、操作流程

操作流程：参观酒店整体外观→观察酒店大门→参观大堂→参观总台服务区→参观贵重物品寄存区→参观非营业体息区→参观行政客房服务区。

三、操作要求

酒店前厅部现场认知操作要求见表 1-1。

表 1-1　酒店前厅部现场认知操作要求

操作任务	酒店前厅部现场认知
操作时间	实训授课 2 学时
操作要求	（1）了解星级酒店前厅的功能区域构成。 （2）熟悉前厅部的设施设备组成。 （3）感受星级酒店前厅的氛围
操作器具	大巴车
操作方法	实地参观体验
操作步骤与操作标准	（1）实训前 ①准备实训用具，着装整齐。 ②熟悉酒店前厅知识。 （2）实训开始 ①组织学生有序参观前厅大门、大堂经理区、总台服务区、贵重物品寄存区、非经营休息场所。 ②参观认识前厅各功能区的设施设备和用品。 ③观察前厅装修风格、色彩、灯具、装饰物。 ④感受前厅氛围。 （3）实训结束：学生谈感受认识

单元一　认识前厅

实训二　设计酒店前厅部功能布局

一、实训内容

酒店前厅部功能布局设计是在前厅部现场认知的基础上，根据教师教授的设计原则和注意事项，结合不同类型的酒店进行前厅部各岗位的布局设计，既要方便客人，又要达到符合酒店管理效率和产品展示效果的要求。教师须注意提前布置给学生此项任务，利用课余时间完成，实训课时分组演示，教师或学生进行点评。

二、操作流程

操作流程：确定酒店类型、规模大小等经营特点→确定岗位及功能→进行色彩功能流线设计→确定酒店前厅功能布局。

三、操作要求

设计酒店前厅部功能布局操作要求见表1-2。

表1-2　设计酒店前厅部功能布局操作要求

操作任务	设计酒店前厅部功能布局
操作时间	实训授课1学时
操作要求	（1）酒店前厅特征明显，符合主题设计要求。 （2）功能布局符合酒店要求。 （3）色彩协调，流线设计合理。 （4）分成小组设计
操作器具	（1）自备纸和笔。 （2）电脑一台（组）
操作方法	（1）动手设计。 （2）示范讲评

续表

操作步骤与操作标准	（1）实训前 ①准备实训用具。 ②组员分工明确。 （2）实训开始 ①讨论并确定酒店类型。 ②讨论确定酒店的风格特色及功能需求。 ③决策色彩、功能、流线设计。 ④选代表进行幻灯片演示。 （3）实训结束：教师或学生点评及评分

四、考核标准

设计酒店前厅部功能布局操作考核标准见表1-3。

表1-3　设计酒店前厅部功能布局操作考核

考核内容	考核标准	满分	实际得分
布局设计	设计思路清晰，功能布局合理	3	
色彩应用	色彩协调，符合主题风格	2	
特色与创新	风格特色明显，主题突出，蕴含文化元素	3	
展示效果	PPT制作良好，演示流畅，表达清楚	2	
总分		10	

课后练习

一、选择题

1.《旅游涉外酒店星级划分与评定》对前厅部做出了相关规定，其中（　　）酒店必须具备18小时以上外币兑换服务。

A. 二星级酒店以上　　　　　　B. 三星级酒店以上

C. 四星级酒店以上　　　　　　D. 五星级酒店以上

2. 下列不属于前厅部职能的任务是（　　）。

A. 销售客房　　B. 控制房态　　C. 建立客史档案　D. 整理房间

3. 酒店为住店客人免费提供的贵重物品寄存处是（　　）。
　A. 礼宾部　　　　B. 房务中心　　　C. 前台　　　　D. 大堂副理台
4. （　　）是酒店工作的"橱窗"，代表着酒店的对外形象。
　A. 前厅　　　　　B. 客房　　　　　C. 餐厅　　　　D. 销售部
5. Wake Up Call 服务通常由酒店（　　）提供。
　A. 客房部　　　　B. 大堂副理　　　C. 礼宾部　　　D. 总机
6. 通常在酒店中负责给住店客人提供客房送餐服务的是（　　）。
　A. 客房部　　　　B. 餐饮部　　　　C. 前厅部　　　D. 销售部
7. 分送行李这一工作，在大多数酒店一般由（　　）负责。
　A. 客房服务员　　B. 行李员　　　　C. 清洁卫生员　D. 楼层服务员
8. 下列不属于门童岗位职责的是（　　）。
　A. 迎宾　　　　　B. 指挥门前交通　C. 回答客人问讯　D. 机场接送

二、思考题

1. 如何理解前厅部这个概念？
2. 前厅部的主要作用有哪些？
3. 各类星级酒店对前厅部的功能有哪些要求？
4. 前厅部的主要工作任务有哪些？

三、案例分析

某知名品牌酒店，其硬件是按照国内四星级酒店建造的，属于城市商务酒店。该酒店拥有客房总数288间，在新招了一位海归预订部主管后，几经磨合，总经理同意预订部从前厅部分离。

请全面衡量该案例中组织结构变化的利弊。

单元二　电话总机服务

学习目标

1. 了解总机房员工的素质要求及岗位职责。
2. 掌握话务员的素质要求。
3. 了解总机房的设备、工作环境要求。
4. 掌握如何转接电话。
5. 掌握普通客人、VIP 客人叫醒服务。
6. 掌握电话"免打扰"服务。

电话服务在酒店对客服务中扮演着重要角色,话务员的声音代表着"酒店的形象",是"只听其悦耳声,不见其微笑容"的幕后服务人员。

一、总机房员工素质要求及岗位职责

与总台、餐厅及客户楼层的服务人员直接和客人面对面接触不同,总机房员工主要是在电话里为客人服务,其需要从客人言语的速度、音量、语调等来判断及作出应答。

(一) 话务员的素质要求

话务员必须具备以下素质。
(1) 嗓音甜美,吐字清晰,口齿伶俐。

（2）精于业务，热爱本职工作。

（3）熟悉电脑操作及打字。

（4）反应灵敏，工作认真，可提供优质高效的服务。

（5）具有较强的记忆力，听写迅速，反应快。

（6）有高度责任感，严守话务机密。

（7）有较强的信息沟通能力。

（8）有较强的外语听说能力，能用外语为客人提供话务服务。

(二) 话务员岗位职责

（1）按工作程序迅速准确地接转每一个电话，对客人的询问，要热情有礼，应答迅速。

（2）认真、仔细、准确地为客人提供叫醒服务。

（3）处理需要人工接转的长途电话。

（4）了解并牢记住客"VIP"的头衔、姓名及房号。

（5）认真填写交班日记，向下一班人员交代清楚下列情况：①VIP住房转接情况；②电话留言情况；③叫醒服务情况。

（6）掌握店内组织结构，熟悉店内主要负责人和各部门经理的姓名、声音、办公室电话号码。

（7）掌握总机房各类机器的功能、操作使用及注意事项。

（8）对酒店各部门的工作及馆内各种设施的运行情况等不对外公开事项，必须严格保密。

（9）遇到日常工作以外的情况，不要擅自处理，应立刻向主管汇报。

（10）搞好机房卫生清洁工作。

二、总机房的设备

(一) 电话交换机

交换机种类、型号的选用因酒店而异。目前，大多数酒店采用数字程控电话交换机（PABX），它具有自动显示通话线路、号码、所处状态、自动设置叫醒，同时接通数个分机等多种功能。

（二）话务台

话务台是供话务员操作的台面。为避免话务员间的相互影响（音量），在设计时应考虑将各话务台之间用隔板隔开。部分酒店在每张话务台前均配有玻璃镜，以使话务员能始终注意自己的言谈举止，集中思维，在有限的空间提高对客服务的效率，以确保对客服务的质量。

（三）电脑

电脑装有酒店管理系统，能根据住客的姓名，迅速查找出住客的房号及个人基本情况。

（四）传呼器发射台

传呼器发射台，也称无线呼叫服务系统，是无线通讯与计算机技术相结合的高新技术电子产品，由发射器和接收器组成，每套系统有一个接收器和多个发射器（发射器的数量根据实体情况需要而定）。接收器上设有数字显示，发射器上有一个服务按健，使用时，酒店在3.5千米范围内的发射器上可通过接收器（放置在服务台上或墙上）作用互通信息。发射器有按键请求服务时，接收器上显示对应的数字号码，并发出提示音响，服务后通过消除键将指示灯熄灭。

（五）打印机

打印机是与长途电话自动计费机连接，供记录话费账单使用的。

（六）定时钟

定时钟是与电话交换机连接，为叫醒服务提供定时的设备。

（七）记事牌

白板等记事牌是为临时性的信息或重要信息起提示和告示作用的。

三、总机房的工作环境要求

总机房环境的优劣，直接影响着话务员对客服务的效率及质量。通常，总机房的环境应符合下列要求。

（一）便于与前台的联系

在对客服务过程中，电话总机与前台有密切的工作联系，因此，总机房应尽量设立在离前台近的位置。有些小型酒店的总机就直接安装在前台内，由接待员兼管，而大、中型酒店，因需要更多的外线和内线，应配置专职的话务员操作交换机，并将其安置在临近前台的机房内。

（二）安静、保密

为了保证通话的质量，总机房必须有良好的隔音设施，以确保通话的质量。未经许可，无关人员不得进入总机房。

（三）优雅、舒适

一个优雅、舒适的环境能为话务员做好本职工作创造良好的客观条件。总机房应有空调设备，并保证足够的新鲜空气。话务员的座椅必须舒适，以减少话务员的疲劳感。另外，应注意总机房的室内布置，使周围环境赏心悦目。

（四）清洁、整齐

总机房的清洁、整齐非常重要，这直接影响话务员对客服务的心情。总机房内的各种办公用品应明确定位，各类表格、资料也应归类存放整齐。

实训一　转接电话

转接电话

一、实训内容

电话总机房是酒店内外沟通联络的枢纽，尤其在现代社会，电话作为沟通信息的工具，越来越重要，客人与酒店的第一次接触往往是通过电话。酒店的电话总机服务人员一般不直接和客人见面，而是以礼貌热情的态度，操作娴熟的技能，高效快速的节奏为宾客提供通讯服务，并给宾客留下深刻印象，被称为"看不见的接待员"。

二、操作流程

操作流程：接外线电话→接内线分机电话→接客房电话→接打错的电话→转内线分机电话→转客房电话→转电话至占线分机→转电话至无人应答的房间。

三、操作要求

转接电话操作要求见表2-1。

表 2-1　转接电话操作要求

操作任务	转接电话
操作时间	实训授课0.5学时，共计20分钟。其中，示范讲解5分钟，学员操作10分钟，考核测试5分钟
操作要求	（1）仪容、仪表、仪态符合职业要求。 （2）熟练掌握话务员基本业务知识。 （3）服务用语礼貌，语音适中，发音清楚，说话流利。 （4）应变协调能力强
操作用品	（1）程控交换机、话务台、电话机、笔。 （2）装有酒店管理软件的电脑、打印机一套/组
操作方法	（1）示范讲解。 （2）学生两人一组，交互练习。 （3）教师点评并考核
操作步骤与操作标准	（1）实训前 ①准备实训用具，着装整齐，以达到仿真状态。 ②仪表、仪态及礼貌用语练习。 ③对话内容与场景由学生自行提前设计。 （2）实训开始 ①接外线电话：10秒以内接听，用中文问候："您好，××酒店。"当对方没有回答时重复一遍："您好，××酒店，请问有什么需要帮助的？"对方仍没有反应，改用英文"Good morning, Operator. May I help you？"

续表

操作步骤与操作标准	②接内线分机电话：10秒以内接听，用中文问候："您好，总机。"当对方没有回答时重复一遍："您好，总机，请问有什么需要帮助的？"对方仍没有反应，改用英文："Good morning, Operator, May I help you？" ③接客房电话：10秒以内接听，用英文问候"Good morning, operator, May I help you？"当对方没有回答时，改用中文："您好，总机。"还没有回答，再重复一遍，如果客人仍无反应，又不挂电话，应派人去房间查看有无设备故障或其他特殊情况。 ④接打错的电话，婉转地告诉客人："对不起，这里是××酒店总机。" ⑤转内线分机电话时，可以说："请稍等。"迅速接通相应的内部分机，退出；必要时，复述一下分机号码或请对方重复一下分机号或部门名称，可以说："对不起，请您再说一遍好吗？" ⑥转客房电话，说："请问您找哪一位？"住客姓名核对无误后，接入客房；若经核对不一致，则请对方提供全名，看是否是换房、结账等其他原因；如全名查询不到，晚上23：00前可以根据对方提供的房号，打电话给客人，看是否有访客在其房内；如果超过晚上23：00，总机不能将电话转进房内，可打电话至总台，请总台帮忙查询以最终确认。 ⑦转电话至占线分机，说："对不起，电话占线，请问您是稍等还是过后再打过来？"若对方需要总机帮他通知客人有急事或说明自己是长途时，总机应帮助客人，插入占线的分机："对不起，打扰您，我是总机，情况是……"按房客要求处理。 ⑧转电话至无人应答的房间时，可以说："对不起，电话没人接，请问您需要留言吗？" （3）实训结束

四、考核标准

转接电话考核标准见表2-2。

表 2-2 转接电话操作考核

考核内容	考核标准	满分	实际得分
仪容、仪表、仪态	符合职业要求	1	
语言	礼貌、得体、体现专业素养	4	
话务台操作	信息录入完整、准确	5	
操作程序	完整、无遗漏和反复	10	
总分		20	

实训二 普通客人叫醒服务

一、实训内容

叫醒服务是早上按照客人指定的时间打电话（或直接敲门）叫客人起床或用早餐。前台系统设置如图 2-1 所示。

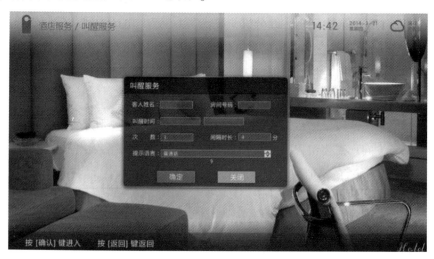

图 2-1 普通客人叫醒服务

二、操作流程

操作流程：接客房电话→记录→核对住客信息→输入→汇总叫醒记录→夜

班核查→落实叫醒服务。

三、操作要求

普通客人叫醒服务操作要求见表2-3。

表2-3 普通客人叫醒服务操作要求

操作任务	普通客人叫醒服务
操作时间	实训授课0.5学时，共计20分钟。其中，示范讲解5分钟，学员操作10分钟，考核测试5分钟
操作要求	(1) 仪容、仪表、仪态符合职业要求。 (2) 熟练掌握话务员基本业务知识。 (3) 服务用语礼貌，语音适中，发音清楚，说话流利。 (4) 应变协调能力强
操作用品	(1) 程控交换机、话务台、电话机。 (2) 交班本、白板、闹钟、笔。 (3) 装有酒店管理软件的电脑、打印机一套/组
操作方法	(1) 示范讲解。 (2) 学生两人一组，交互练习。 (3) 教师点评并考核
操作步骤与操作标准	(1) 实训前 ①准备实训用具，着装整齐，以达到仿真状态。 ②仪表、仪态及礼貌用语练习。 ③对话内容与场景由学生自行提前设计。 (2) 实训开始 ①接客人电话，用英文问候："Good Morning, Operator. May I help you?" ②记录具体时间、房号，并与客人核对，尽可能采用与客人不一样的数字表达的方法。当客人所报房号与话务台显示的房号不一致时，要询问客人的姓名，以再次确认。 ③在电脑中查询该房号情况，确认是否为住客房，是否是套间，是否为VIP。 ④按操作程序在话务台上输入叫醒。

续表

操作步骤与操作标准	⑤按时间顺序，将叫醒房号、时间抄在总表上，检查后签字确认；如果有同一房间两次以上的叫醒，就逐一登记，做好标记；如果有一个房间要求每天同一时间叫醒的，在交班本上记录后，将房号、姓名、时间抄在白板上。 ⑥夜班复查：在话务台上检查所有叫醒房号、时间；重点检查每日叫醒房号、姓名，及时发现离店的或换房的客人；检查所有叫醒房号是否是卧室的号码；根据每日最早的叫醒情况，为自己设置叫醒钟。 ⑦落实叫醒：根据时间顺序，逐一核对话务台上打印出的叫醒记录；没有及时打印出的房号，立即电话确认；没有挂好的分机，以及叫醒没有回答的分机，立即通知客房中心处理；对于两次以上的叫醒，第一次叫醒结束后，立即输入第二次的时间。 （3）实训结束

四、考核标准

普通客人叫醒服务操作考核标准见表2-4。

表2-4　普通客人叫醒服务操作考核

考核内容	考核标准	满分	实际得分
仪容、仪表、仪态	符合职业要求	1	
语言	礼貌、得体，体现专业素养	4	
话务台操作	信息录入完整、准确	5	
操作程序	完整、无遗漏和反复	10	
总分		20	

实训三　VIP叫醒服务

VIP叫醒服务

一、操作流程

操作流程：登记→检查→提示→复查→叫醒客人。

二、操作要求

VIP 叫醒服务操作要求见表 2-5。

表 2-5 VIP 叫醒服务操作要求

操作任务	VIP 叫醒服务
操作时间	实训授课 0.5 学时，共计 20 分钟。其中，示范讲解 5 分钟，学员操作 10 分钟，考核测试 5 分钟
操作要求	(1) 仪容、仪表、仪态符合职业要求。 (2) 熟练掌握话务员基本业务知识。 (3) 服务用语礼貌，语音适中，发音清楚，说话流利。 (4) 应变协调能力强
操作用品	(1) 程控交换机、话务台、电话机。 (2) 交班本、白板、闹钟、笔。 (3) 装有酒店管理软件的电脑、打印机一套/组
操作方法	(1) 示范讲解。 (2) 学生两人一组，交互练习。 (3) 教师点评并考核
操作步骤与操作标准	(1) 实训前 ①准备实训用具，着装整齐，以达到仿真状态。 ②仪表、仪态及礼貌用语练习。 ③对话内容与场景由学生自行提前设计。 (2) 实训开始 ①在叫醒记录表上划上"★"符号，在汇总表上单独登记。 ②与电脑核对 VIP 房号、等级。 ③将每个 VIP 客人的叫醒时间在闹钟上设好；在总机的专用分机上输入 VIP 的叫醒设置。 ④检查 VIP 登记是否准确，闹钟是否有提示；需在下一班完成的 VIP 叫醒，在交班本上列出。 ⑤准时打电话到房间叫醒客人，结束一个后打上记号并准备第二个；电话接通时说："早上好，我是总机，现在是××，您的叫醒时间，祝您一天过得愉快。"如果客人不打断话题的话，将当日的天气情况告诉客人。 (3) 实训结束

三、考核标准

VIP 叫醒服务操作考核标准见表 2-6。

表 2-6　VIP 叫醒服务操作考核

考核内容	考核标准	满分	实际得分
仪容、仪表、仪态	符合职业要求	1	
语言	礼貌、得体、体现专业素养	4	
话务台操作	信息录入完整、准确	5	
操作程序	完整、无遗漏和反复	10	
总分		20	

实训四　电话"免打扰"服务

电话"免打扰"服务

一、实训内容

为避免电话铃声的打扰,客人可以要求设置电话"免打扰"服务,暂不受理呼入电话。

二、操作流程

操作流程:接到客人要求→设置"免打扰"服务→电脑系统做提示→交班跟踪。

三、操作要求

电话"免打扰"服务操作要求见表 2-7。

单元二 电话总机服务

表2-7 电话"免打扰"服务操作要求

操作任务	电话"免打扰"服务
操作时间	实训授课0.5学时,共计20分钟。其中,示范讲解5分钟,学员操作10分钟,考核测试5分钟
操作要求	(1) 仪容、仪表、仪态符合职业要求。 (2) 熟练掌握话务员基本业务知识。 (3) 服务用语礼貌,语音适中,发音清楚,说话流利。 (4) 应变协调能力强
操作用品	(1) 程控交换机、话务台、电话机。 (2) 交班本、白板、闹钟、笔。 (3) 装有酒店管理软件的电脑、打印机一套/组
操作方法	(1) 示范讲解。 (2) 学生两人一组,交互练习。 (3) 教师点评并考核
操作步骤与操作标准	(1) 实训前 ①准备实训用具,着装整齐,以达到仿真状态。 ②仪表、仪态及礼貌用语练习。 ③对话内容与场景由学生自行提前设计。 (2) 实训开始 ①接到"免打扰"的要求后,记录好客人房号、姓名、服务截止时间,并与客人确认;告诉客人电话做"免打扰"服务后,所有电话将不能够打入房间,同时在电脑上调出该房资料进行核对。 ②按程序在话务台上操作"免打扰"服务。 ③按程序在电脑上做"免打扰"提示。 ④在交班本上记录"免打扰"的房号与截止时间;当截止时间到时,取消电脑及话务台内的标记。 (3) 实训结束

三、考核标准

电话"免打扰"服务考核标准见表2-8。

表2-8 电话"免打扰"服务操作考核标准

考核内容	考核标准	满分	实际得分
仪容、仪表、仪态	符合职业要求	1	
语言	礼貌、得体、体现专业素养	4	
话务台操作	信息录入完整、准确	5	
操作程序	完整、无遗漏和反复	10	
总分		20	

课后练习

一、选择题

1. 酒店员工接听电话，在正常情况下，电话铃响（　　）内应应答。
   A. 10秒　　　　B. 3秒　　　　C. 20秒　　　　D. 5秒

2. IDD在总机业务中是指（　　）。
   A. 叫醒服务　　B. 国际长途直拨　C. 国内长途直拨　D. 免打扰服务

3. DDD在总机业务中是指（　　）。
   A. 叫醒服务　　B. 国际长途直拨　C. 国内长途直拨　D. 免打扰服务

二、思考题

1. 电话是酒店服务员最常用的工具之一，讨论在工作中应如何接电话。

2. 一位女性住店客人称晚上经常受到一些不明身份的电话骚扰，总机应如何处理？

3. 一客人打电话给总机，他打了一个长途电话去欧洲，但电话一直占线。现在，他因怕朋友会打电话回来而不离开房间去吃饭，话务员应如何解决这位客人的问题？

三、案例分析

某日，陈先生给某酒店总机打电话，要求接到1022房间，称有急事找客人。但是，房内客人正在通电话，电话长时间占线，总机话务员为陈先生转接了几次仍然占线。由于等待时间太长，而且话务员总是称占线，陈先生便以为总机话务员不愿意为他转电话，便开始冲总机话务员发火，说了一些不堪入耳的话。总机话务员感到十分委屈，虽然没有与周先生争吵，但向周先生表示将不再接他的电话，并在1022客人挂断电话后仍然拒绝为周先生接通电话，最终导致周先生向酒店投诉。

请分析：

1. 如果你是总机话务员会如何处理此事？
2. 酒店应该怎么处理此客人的投诉？

单元三　问讯服务

学习目标

1. 掌握问询服务工作的范围和要点。
2. 掌握问询服务工作的程序与标准。
3. 了解客房钥匙控制。
4. 了解邮件服务、留言服务、隐匿身份姓名客人的服务。
5. 掌握客人方位确定。
6. 能够处理客人保密/筛选电话要求。
7. 能够及时、正确地处理留言。

一、问讯服务工作的范围和要点

问讯员要耐心、热情地解答客人的疑问，做到百问不厌。为了能正确、迅速地向客人提供问讯服务，问讯员必须熟悉下列信息。

（1）了解主要客源国的风土人情、爱好和忌讳等。

（2）熟悉酒店所有服务设施及服务项目。

（3）了解酒店的组织体系、各部门职责范围及有关负责人的姓名。

（4）熟悉酒店的有关政策。

（5）熟悉特快列车以及主要快车车次及抵、离时间。

（6）了解酒店与周围主要城市的距离。

单元三 问讯服务

（7）了解酒店所在城市的电影院、音乐厅、戏院、大型展览馆等主要活动场所正在上演的节目、剧情简介及入场费等信息。

（8）了解与酒店挂钩医院的名称、地址、电话号码和营业时间。

（9）熟悉所在城市主要银行的名称、地址、电话号码和营业时间。

（10）熟悉所在城市的外贸单位、科研机构、大专院校以及重点企业的地址、电话号码和联系方式。

（11）熟悉所在城市的交通情况。

（12）熟悉所在城市各参观游览点的名称、概况、特色以及与旅馆间的距离。

（13）掌握世界各主要城市的时差计算方法。

（14）了解本市政府机关、公安保卫部门、外事旅游领导部门的地址、负责人姓名和电话号码。

二、问讯服务工作的程序与标准

（一）查询住客情况

有关住客信息的查询是问讯服务的主要内容之一，通常包括：客人是否住在本酒店；查询客人房间号码；查询客人的私人资料，如姓名、电话、地址等。

问讯员应牢记酒店有责任为住客保密，保证客人不受他人的干扰，因此，未经客人许可，决不可把访客带入客房，或直接把客人的房号、姓名、住址、工作单位及其去向等告诉来访者，应委婉的回答来访客人的查询。

（二）查询酒店内部信息

酒店内部信息的查询一般包括：酒店组织机构、各负责人姓名及联系方式；酒店设施设备及有关政策；各营业场所的位置、服务项目、营业时间、电话号码及收费标准；酒店历史及近期各项活动。

（三）查询店外情况

这类问讯服务涉及的范围很广，通常包括：各类交通工具情况，诸如公共汽车、出租车、地铁、火车、轮船、飞机等的时刻、价目等；所在地区著名的旅游景点的位置、特色及其交通情况；值得推荐的当地餐馆、娱乐场所的位置、经营特色等;政府部门、商业机构、领事馆、大专院校、图书馆、博物馆、银行、购物中心、医院、药店、加油站等的位置、电话及交通状况;近期大型文艺、体育、会展等活动的基本情况。

三、客房钥匙控制

客房钥匙的控制与发放,既是对客服务的过程,又是保护酒店、住客、员工人身和财产安全的重要手段。根据酒店业务特点,这项工作通常由问讯处负责。

传统的客房机械钥匙管理,在安全与管理上存在诸多问题,如客人进出客房不方便、安全隐患、管理不便、维护费用增加等,容易给酒店造成很大的损失。随着科学技术的不断发展,酒店客房门锁钥匙系统也发生了巨大的变化,从普通的机械门锁到穿孔锁、磁片锁,再到今天形式多样的电子门锁(磁卡锁、IC卡锁、TM卡锁、感应卡锁、指纹锁等类型),给客房管理带来了许多便利。客房钥匙管理的概念也发生了质的变化,已从简单的客房安全管理上升到集整个酒店管理体系为一体的系统智能化管理。

四、邮件服务

住店宾客需要酒店能快速、高效地提供邮件接收和邮寄服务,前厅部应在符合国家邮政部门有关规定的情况下,制订本酒店邮件服务的规章制度,通常此项服务由问讯处或礼宾部负责。

(一)邮件的接收

1. 接收邮件

收到邮件时,应仔细清点,与邮递员办好接收手续,用打时机打上时间,防止客人对邮件确切抵店时间产生质疑。

2. 邮件分类

一般将邮件分成酒店邮件、员工邮件、办公单位邮件和住客邮件几大类,分别在邮件签收本上登记。

3. 确认客人的姓名、房号

对寄给住客的邮件，要通过电脑核对收件人的状况，确认是住客，还是有预订即将抵店或是已经离店的客人。如果是住店客人，检查信封上是否有房号，并通过电脑或总台核对房号是否准确，将正确房号标注清楚。

4. 分发

（1）住店客人邮件。立即电话通知客人，如无人应答，将信件放邮件架上，并按"留言"程序通知客人。当客人前来领取时，特快专递、挂号信、汇款单、包裹等，应请客人签收，以免发生纠纷时责任不清。

（2）已离店客人邮件。首先查看客人是否有交代，如有交代则按其要求办理。如果客人退房时未做交代，可查找客史档案，看是否有该客人的电话，与客人取得联系，按其要求办理；对查找不到联系方式的，特快专递、挂号信、汇款单、包裹等应立即交邮局退回，平信可保留一星期左右，过期后交邮局退回。

（3）有预订尚未入住客人的邮件，应在客人的预订单上注明，并在邮件上标明入住日期，将邮件妥善保管。当客人入住时，将邮件交给客人。

（4）酒店无此人的邮件。平信可保留一星期左右，每日查找此客人是否入住或预订，过期则退回邮局。其他邮件应立即退回邮局处理。

（二）邮寄服务

有的酒店与邮政部门或快递公司合作，在酒店内设置代办点直接处理客人邮件或包裹，而大多数酒店则为客人代办邮寄服务。

五、留言服务

（一）访客留言

访客留言服务的具体做法如下。

（1）听清客人的留言要求并复述。

（2）将客人的留言内容清楚地写在留言单上，留言单一式三联。

（3）将第一联装入留言单袋，召唤行李员至总台，请行李员在第二联上签字，由行李员将留言袋送入客房。

（4）将第三联送总机。

（5）将第二联放入钥匙孔里，并在电脑上做留言提示。

（6）当客人了解留言内容后，将钥匙孔里的第二联取出存档。

（二）住客留言

住客留言服务的具体做法如下。

（1）听清客人的要求并复述，请客人提供留言的有效时限。

（2）将留言内容清楚地写在住客留言单上，留言单一式二联。

（3）将第一联放在固定的地方，并在电脑上做留言提示。

（4）将第二联送总机。

（5）客人来访时，总台服务员或总机服务员可将留言内容告诉来访者。

（6）过了留言时限，如果没有接到住客新的通知，可将留言作废。

（7）将作废的留言单存档。

需要注意的是：用姓名称呼客人，复述客人的留言内容；住客留言根据客人的留言时限，即时取消，注意为客人保密。

六、隐匿身份姓名客人的服务

（一）服务标准

严格按照客人的要求对房号保密，礼貌委婉地处理访客和电话。

（二）服务程序

（1）"隐匿身份姓名"的客人通常因某种私人原因，不愿让人知道他正住在酒店里。在此情况下，前台服务员不得将情况告知外面来访者，客人一般会通知酒店，谁可以知道他正在酒店。服务员对任何找他的人都应这样说："抱歉，在我们的电脑登记上没有这一姓名的客人。"

（2）若来访者坚持要找此人，应转告大堂经理或前厅经理。

注意：问讯处如果将隐匿身份姓名客人的情况告知来访者，就会使酒店难堪，必须小心谨慎地保守客人姓名和秘密。

单元三 问讯服务

实训一　客人方位确定

客人方位确定

一、操作流程

操作流程：问候客人→查系统→记录→结束交谈→通知总机→取消方位服务。

二、操作要求

客人方位确定操作要求见表3-1。

表3-1　客人方位确定操作要求

操作任务	客人方位确定
操作时间	实训授课0.5学时，共计20分钟。其中，示范讲解5分钟，学员操作10分钟，考核测试5分钟
操作要求	（1）仪容、仪表、仪态符合职业要求。 （2）熟练掌握话务员基本业务知识。 （3）服务用语礼貌，语音适中，发音清楚，说话流利。 （4）应变协调能力强
操作用品	（1）程控交换机、话务台、电话机。 （2）交班本、白板、闹钟、笔。 （3）装有酒店管理软件的电脑、打印机一套/组
操作方法	（1）示范讲解。 （2）学生两人一组，交互练习。 （3）教师点评并考核

续表

操作步骤与操作标准	（1）实训前 ①准备实训用具，着装整齐，以达到仿真状态。 ②仪表、仪态及礼貌用语练习。 ③对话内容与场景由学生自行提前设计。 （2）实训开始 ①问候客人。 ②客人要求方位服务时，应查询系统确认客人身份。 ③确认客人方位、联系电话，以及其回来的时间，并再次重复信息。 ④如客人无法确认回来的时间，请客人回来后马上通知取消方位服务。 ⑤告知客人方位留言将会被转告给找他的客人。 ⑥确认客人是否还需要其他帮助。 ⑦将相关信息输入电脑，马上通知总机上述信息，并获得总机员工姓名。 ⑧预约取消时间，致电客人房间，再次确认客人是否已回房间；如客人已回房间、取消方位服务，如未回房间，继续跟进。 （3）实训结束

三、考核标准

客人方位确定服务操作考核标准见表3-2。

表3-2 客人方位确定服务操作考核

考核内容	考核标准	满分	实际得分
仪容、仪表、仪态	符合职业要求	1	
语言	礼貌、得体、体现专业素养	4	
电脑操作	信息录入完整、准确	5	
操作程序	完整、无遗漏和反复	10	
总分		20	

单元三 问讯服务

实训二 处理客人保密/筛选电话要求

筛选电话要求

一、操作流程

操作流程：保密→筛选电话→相应地输入指示信息。

二、操作要求

处理客人保密/筛选电话要求的操作要求，见表3-3。

表3-3 处理客人保密/筛选电话要求操作要求

操作任务	处理客人保密/筛选电话要求
操作时间	实训授课0.5学时，共计20分钟。其中，示范讲解5分钟，学员操作10分钟，考核测试5分钟
操作要求	（1）仪容、仪表、仪态符合职业要求。 （2）熟练掌握话务员基本业务知识。 （3）服务用语礼貌，语音适中，发音清楚，说话流利。 （4）应变协调能力强
操作用品	（1）程控交换机、话务台、电话机。 （2）交班本、白板、闹钟、笔。 （3）装有酒店管理软件的电脑、打印机一套/组
操作方法	（1）示范讲解。 （2）学生两人一组，交互练习。 （3）教师点评并考核

续表

操作步骤与操作标准	（1）实训前 ①准备实训用具，着装整齐，以达到仿真状态。 ②仪表、仪态及礼貌用语练习。 ③对话内容与场景由学生自行提前设计。 （2）实训开始 ①客人要求保密服务时，要通知客人我们将告知所有来电和来访者此客人不在本酒店入住，即使来电或来访者声称与此客人有关，所有包裹或物品也会被拒收。 ②客人要求筛选电话时，与客人确认是否希望接听紧急或国际长途，通知客人我们将会筛选所有电话和来访者，并等待客人的进一步指示。 ③在客人档案的姓名和账目指示栏中输入"保密"或"选电话"提醒员工注意，并通知总机在话务台上设置 DND（Do not disturb）功能。 （3）实训结束

三、考核标准

处理客人保密/筛选电话要求操作考核标准见表3-4。

表3-4　处理客人保密/筛选电话要求操作考核

考核内容	考核标准	满分	实际得分
仪容、仪表、仪态	符合职业要求	1	
语言	礼貌、得体，体现专业素养	4	
电脑操作	信息录入完整、准确	5	
操作程序	完整、无遗漏和反复	10	
总分		20	

实训三 处理留言

处理留言

一、操作流程

操作流程：问候→使用留言机→文字留言。

二、操作要求

处理留言操作要求见表3-5。

表3-5 处理留言操作要求

操作任务	处理留言
操作时间	实训授课0.5学时，共计20分钟。其中，示范讲解5分钟，学员操作10分钟，考核测试5分钟
操作要求	（1）仪容、仪表、仪态符合职业要求。 （2）熟练掌握话务员基本业务知识。 （3）服务用语礼貌，语音适中，发音清楚，说话流利。 （4）应变协调能力强
操作用品	（1）程控交换机、话务台、电话机。 （2）交班本、白板、闹钟、笔。 （3）装有酒店管理软件的电脑、打印机一套/组
操作方法	（1）示范讲解。 （2）学生两人一组，交互练习。 （3）教师点评并考核
操作步骤与操作标准	（1）实训前 ①准备实训用具，着装整齐，以达到仿真状态。 ②仪表、仪态及礼貌用语练习。 ③对话内容与场景由学生自行提前设计。

续表

操作步骤与操作标准	（2）实训开始 ①建议使用留言机。如果客人看上去不会使用，则向客人解释如何使用留言机。 ②使用留言机。拿起电话打给接线员，通知接线员有一位客人要用留言机留言，然后将话筒交给客人。 ③如果客人拒绝使用留言机，与客人核查看他是愿意亲自写留言，还是由员工在系统中直接留言。 ④对于原文留言，与客人核查询问其是愿意自己用手写，还是用电脑打印留言。 ⑤当客人选择写下留言时，将留言表、信封和一支笔交给客人，操作时笔尖指向自己。确认表格信息填写完整，在信封上写下客人的姓名、房间号码，标上日期和时间。 ⑥电脑打印留言。认真细听，在一张纸上写下留言，重复细节，输入电脑，交由服务中心打印，并由礼宾部派送留言去房间。 （3）实训结束

三、考核标准

处理留言操作考核标准见表3-6。

表3-6 处理留言操作考核标准

考核内容	考核标准	满分	实际得分
仪容、仪表、仪态	符合职业要求	1	
语言	礼貌、得体，体现专业素养	4	
电脑操作	信息录入完整、准确	5	
操作程序	完整、无遗漏和反复	10	
总分		20	

单元三 问讯服务

课后练习

一、选择题

1. 酒店前台对客人提供的问讯服务不包括（　　）。
   A. 天气　　　　　　　　　　　　B. 酒店各营业场所的营业时间
   C. 酒店产品收费标准　　　　　　D. 住店客人房间号码

2. （　　）可以有效提高问讯员的工作效率。
   A. 酒店宣传资料　B. 房价表　　C. 问讯手册　　D. 旅游资料

3. 酒店电子门锁的特点包括（　　）。
   A. 完善的酒店管理功能　　　　　B. 价格高
   C. 安全性差　　　　　　　　　　D. 维修困难

二、思考题

1. 如何处理已离店客人的信件？

2. 一位非住客对问讯员说，住在酒店的某客人欠了他许多钱，此非住客现无钱回家，希望问讯员帮忙查询告知房号，以便他可把欠款追回。问讯员是否应同情此客人？应怎样处理他的要求？

3. 客人前来报称自己的钥匙遗失，服务员应怎样处理？

4. 一位外国记者请问讯员对国内某一政治问题发表一下意见，并说会在杂志上刊登，对此问讯员应如何处理？

5. 一位外国客人想在较短的时间内在酒店所在地游览，领略当地风情，但他人生地不熟，想得到指点，问讯员应如何处理？

单元四　礼宾服务

学习目标

1. 掌握礼宾主管、门童、行李员的岗位职责。
2. 了解迎送宾客服务和行李服务的基本操作。
3. 能够合理安排迎送宾客服务和行李服务。

一、礼宾部主要岗位职责

（一）礼宾主管

（1）向前厅部经理负责，以身作则，保证班组员工能认真执行酒店各项规章制度。

（2）负责大厅服务台及行李房的一切对客服务活动，最大限度地为客人提供满意的服务，确保大厅服务工作的正常运转。

（3）调查并处理涉及本组工作的客人投诉。

（4）与出租汽车公司保持密切的联系，确保优质服务。

（5）确保各类报表、客人邮件传递准确、及时。

（6）定期安排检修所属设备，保持完好的工作状态。

（7）加强与其他班组的沟通，配合有关班组的工作。

（8）定期整理酒店问讯手册内容。

（9）督促门童、行李员、机场代表在仪表仪容、行为举止、服务用语等方面达到酒店的要求。

（10）负责对本班组员工进行排班、考核和评估。

（11）按计划对班组员工开展业务技能和外语培训。

（12）完成部门经理交办的其他任务。

（二）门童

（1）为进出店客人提供服务，拉车门及大门。

（2）密切配合车管人员的工作，保证车道畅通无阻。

（3）协助行李员，为进出客人提供行李搬运服务。

（4）注意大门口的灯光照明及环境卫生，发现问题及时汇报。

（5）遇到雨雪天气为宾客存放雨具。

（6）发现形迹可疑的人员进出大厅，及时汇报。

（7）回答客人的问讯。

（8）完成上级安排的其他工作。

（三）行李员

（1）负责进出店散客、团体客人行李的搬运工作。

（2）提供普通行李寄存服务，确保寄存行李的安全。

（3）引领客人进客房，并根据情况向客人介绍酒店的服务设施和客房设备。

（4）办理委托代办服务。

（5）投递留言、信件以及各类报表。

（6）外出寄信、取报等。

（7）提供呼唤找人服务。

（8）负责行李房的卫生工作，确保本组使用的设备和用具处于良好的状态。

（9）完成上级安排的其他工作。

（四）机场代表

（1）预订车辆，并跟随车辆提供接送服务。

（2）随时注意机场、车站交通变化情况，与酒店前台保持联系。

（3）完成上级安排的其他工作。

二、迎送宾客服务

迎送宾客服务主要由门童（Doorman）、行李员（Bellboy）、酒店机场代表（Airport Representative）等提供，通常分为店内迎送和店外迎送两种。

（一）店内迎送服务标准与工作程序

店内迎送宾客服务主要由门童负责。门童通常站在酒店大门内、外侧或台阶上，协助客人上、下车，为客人提供拉门服务。此外，门童一般还要负责以下日常服务。

1. 维护大厅外环境卫生

看见地上有脏的小物品或污迹，应立即捡起投入垃圾筒或通知公共区域保洁员（Pwblic Area）予以清除。

2. 接受雨具寄存

在雨天，为避免客人将湿的雨具带入大厅，应为所有进入酒店的客人存放雨具。将雨伞存放在伞架上，钥匙交客人妥善保管。如伞架数量不够，应准备各式伞套，将雨伞套好后，交客人带入大厅。客人的雨衣可装入塑料袋，由客人自己保管。

3. 安全工作

协助保安部做好安全工作。注意门前进出往来客人，发现可疑人员应立即汇报。

4. 问讯工作

门童应熟悉店内外基本情况，礼貌回答客人问讯。

5. 指挥疏导门前交通

协助车管人员及时疏导车辆，保证车道畅通无阻。

6. 安排出租车

门童应为需要的客人安排出租车。对不熟悉当地环境的客人，问清客人所去目的地，并将客人的要求告诉司机，然后将写有车牌号的出租车意见卡交给客人，并说明用途。

此外，还要注意大门口的灯光照明、玻璃门等设备的完好程度，发现问题应及时报修。

(二) 店外接送服务标准与工作程序

店外接送服务主要由酒店机场代表负责。酒店在机场、车站、码头等地设点，派出代表为抵离店客人提供迎接和送行服务，并争取未预订客人入住本酒店。酒店代表是客人所见到的第一位酒店服务人员，他的仪容仪表、行为举止、服务效率会给客人留下深刻的印象，因此店外接送服务不仅是酒店的一种配套服务，更是酒店开展市场营销活动的重要一环。

1. 准备工作

（1）打印出当日所有预订班车或专车抵离店的宾客报告单，详细了解客人信息，并随时注意新增客情。

（2）列出当天所有订车客人的航班和车次表，确定所订专车的到达时间、车辆要求及位置。车辆到达时间应根据酒店与机场、车站的距离，途经道路交通状况而定，司机需适当提早到达，以便与酒店代表做好交接工作。

（3）填写好接机牌，检查通信工具是否正常，确保随时与相关部门保持联系。

（4）向总台查询当日预计出租率、会议、团队情况，VIP 和可售房类型，以便向未预订客人销售房间时，能够做到心中有数。

（5）在每班航班、车次预计抵达时间前半小时，向机场、车站问讯处了解实际抵达时间，以便较为准确地把握等候的时间。

（6）重要内容应及时详细地记录在交班本中，使信息在员工之间准确传递。管理人员要认真检查准备工作是否充分。只有这样，迎送客人时才能避免出现差错。

2. 客人抵达时的接待工作

在航班、车次抵达前 10 分钟，在出口处显眼位置举脚牌等候客人，注意姿态端正、精神饱满、面带微笑。客人到达时，代表酒店向其表示欢迎和问候。根据预抵店客人名单，确认宾客身份无误。确认客人行李件数，注意检查行李的破损情况，挂好行李牌，如果发生宾客行李延误，应协助客人及时与机场联系。待订车的客人都到齐后，引领客人上车，协助其搬运行李。如果有客人漏接，应及时与酒店接待处联系，核查客人是否已到店，并向有关部门反映情况，以便采取补救措施。碰到住在本酒店但未订班车的客人询问，应及时与酒店接待处确认，明确收费标准，引领客人上车。在途中，酒店代表可向客人介绍当地和本酒店的概况，协助做好入住登记手续，与酒店接待处保持联系，通知班车号、发车时间、发车地点、客人情况、行李件数等。到达酒店后，引领客人到总台办理入住手续，与行李员交接行李，并做好记录工作。

3. 住店客人的送行工作

提前10分钟到达班车位置，协助发班车。到达机场，帮助搬运行李至候机厅，根据需要代办登机手续（买保险、托运行李、办理登机牌等）。向客人道别，并做好情况记录。

4. 未订房客人的推销工作

在机场（车站）设点的酒店，一般都有固定的柜台，有酒店的明显标志，如店名、店徽星级及宣传资料等。酒店代表日常时间在柜台上工作时，应时刻注意观察客情，发现有径直向柜台走来或眼神中有顾盼的客人时，应主动上前问好，热情询问是否需要帮助。当了解到客人没有订房时，应根据客人需求，主动介绍酒店的基本情况，注意语言技巧，突出酒店的优势和特色，当客人确定需要房间时，打电话帮助客人预订客房，并安排客人乘坐班车去酒店。酒店管理人员可赋予员工一定的自主权，如允许员工在特定条件下给予客人适当的价格优惠，绩效考评时结合客房销售情况给予一定奖励，以此来调动员工的积极性。

三、行李服务

酒店的行李服务由前厅部的行李员负责提供，其工作岗位是位于酒店大堂一侧的行李服务处（礼宾部）或电梯旁、总台前，所处位置应使客人容易发现，同时让行李员便于观察客人抵、离店时的进出情况，易于与总台协调联系。行李服务的内容包括行李搬运和行李寄存等服务。每天早上一上班，礼宾部主管就要认真阅读、分析预订处和接待处送来的"当日预计抵店客人名单"和"当日预计离店客人名单"，以便掌握当日客人的进出店情况，做好工作安排。在以上两个名单中，尤其要注意VIP客人和团体客人的抵离店情况，以便做好充分准备。礼宾部主管应安排好当班人员，召开班前准备会并向当班人员通报客情。

（一）散客行李服务

1. 换房时的行李服务

（1）接到总台换房通知，到接待处问清客人房间号码、姓名及换房后的房号，确认客人是否在房间，领取新的房间钥匙和房卡。

（2）进客人房间时，遵循进房程序并经住客允许后方可进入。

（3）请客人清点要搬运的行李物品，将它们小心地装上行李车。

（4）带客人到新的房间，将行李重新放好。如果所换房间类型不同，必要时向客人介绍房内设施设备。

（5）收回客人原房间的钥匙和房卡，将新的房间钥匙和房卡交给客人，向客人道别，退出房间。

（6）将原房间的钥匙和房卡交回接待处，向其汇报换房完毕。

（7）做好换房记录。

2. 入店时行李服务

工作中，行李员应随时注意观察大堂内的客情，发现客人携大件行李进出酒店，应主动上前询问是否需要帮助，以便及时提供行李搬运服务。

（二）团体行李服务

团体行李服务主要指旅行团客人的行李服务，由于团队客人与散客相比有许多不同的特点和要求，因此行李服务规程也有不同的要求。

1. 入店

（1）团队行李到店时，由领班与送行李的来人清点行李件数，检查行李的破损情况，然后把团队行李进出店登记单填写齐全，写明交接情况，最后请来人签字。

（2）如有破损，必须请来人签字证实，并通知团队陪同及领队。

（3）行李运进行李房后，摆放整齐，拴上行李牌，等待分房表，如等待时间过长，需用行李网把行李罩住。

（4）当接到分房表后，要准确地查出住客的房间号码，写在行李牌上，以便分送到客人的房间。

（5）分完房后，要迅速地把客人的行李送到房间去，并保证不出现差错。

（6）如发现行李出现差错或件数不够，要立即报告当班领班和主管，帮助客人查清。

（7）每个行李员要把自己所送的房间和每个房间的行李件数记录下来。

（8）如有姓名卡丢失的行李，应由领班帮助确认。

（9）进楼层后，应将行李放在门一侧，轻轻敲门三下，报出"行李员"。

（10）客人开门后，主动向客人问好，把行李放入房间内，等客人确认后才可离开。

（11）对于破损和无人认领的行李，要和领队或陪同及时取得联系以便及时解决。

（12）送完行李后应将送入每间房间的行李件数准确登记在"团队行李进出店登记单"上，并核对总数是否同刚入店时一致。

（13）按照团队行李进出店单上的时间存档。

2. 离店

（1）依照团号、团名及房间号码到楼层收取行李。与客人确认行李件数。

（2）集中行李。将所有行李运到行李房，与陪同一起检查无误后，在行李进出店登记单上签字，用行李网将所有行李罩上，将表别在行李网上。

（3）装车。运送行李的车到达后，协助押运员将行李装车，并由押运员清点行李件数，在行李进出店登记单上签字，写上车牌号。

（4）最后由领班将填写齐全的行李进出店登记单存档。

（三）行李寄存服务

由于种种原因，部分客人希望将一些行李物品暂时由酒店帮助免费存放保管，这种物品寄存工作在酒店可能由多个部门来分别提供。如总台收银处提供贵重物品寄存服务；餐厅、舞厅、会议室等为进入的客人提供帽子、大衣、雨伞、皮包等寄存服务；而前厅行李房则为住店客人提供普通行李物品的寄存服务。前厅行李寄存处一般设在大堂内与总台不远的客人出入通道旁，酒店需要建立相应的安全制度，并规定必要的行李寄存服务手续。

酒店可对前厅行李寄存处寄存的行李做如下要求。

（1）行李房不寄存现金、金银珠宝等贵重物品和身份证、护照等身份证件，上述物品应请客人自行保管或放到总台收银处的贵重物品保险箱内免费寄存。

（2）酒店及行李房不寄存易燃、易爆、易腐烂、有腐蚀性的各类物品（具体限制物品酒店可参考邮局对邮寄物品的有关限制目录）。

单元四 礼宾服务

（3）一般酒店行李房不接受活的动物、植物的寄存，如确有必要开展此服务，应征询专业人士意见，在场地、设备、人员等方面须符合有关条件。

（4）行李房一般不存放易变质的食品、易碎品、精密仪器等物品，若客人坚持要寄存，则应向客人说明酒店的免责条款，请其签字。易碎品注意挂上"小心轻放"牌子，特别保管。

（5）若发现有毒品、枪支等危险物品，应及时报告上级和保安部，妥善处理。

（6）所有寄存物品原则上都应上锁或使用行李封条封好开口。

实训一 为进出店客人拉车门服务

一、操作流程

操作流程：做好准备→开车门→问候→关车门。

二、操作要求

为进出店客人拉车门服务操作要求见表4-1。

表4-1 为进出店客人拉车门服务操作要求

操作任务	为进出店客人拉车门服务
操作时间	实训授课0.5学时，共计20分钟。其中，示范讲解5分钟，学员操作10分钟，考核测试5分钟
操作要求	（1）仪容、仪表、仪态符合职业要求。 （2）熟练掌握门童基本业务知识。 （3）服务用语礼貌，语音适中，发音清楚，说话流利。 （4）应变协调能力强
操作用品	（1）酒店大门、小轿车。 （2）入店客人登记单、笔

续表

操作方法	(1) 示范讲解。 (2) 学生两人一组，交互练习。 (3) 教师点评并考核
操作步骤与 操作标准	(1) 实训前 ①准备实训用具，着装整齐，以达到仿真状态。 ②仪表、仪态及礼貌用语练习。 ③对话内容与场景由学生自行提前设计。 (2) 实训开始 ①站在大门口指定位置，精神饱满，注意力集中。 ②看见车辆驶近酒店，门童应使用规范手势，示意司机停在指定地点，待车停稳后迅速上前为客人开启车门：左手拉开车门，右手挡在车门框上沿，为客人护顶，以免客人碰到头部。注意有两类客人不能护顶：一是佛教徒，二是伊斯兰教徒。门童可根据客人的穿着、言行举止、外貌、预订情况来判断客人是否属于以上两类人。若无法判断，则可以把右手抬起，而不护顶，但随时做好保护客人的准备。 ③开车门时，原则上先女宾后男宾。若无法判断，则先开车后门。 ④向客人问好，表示欢迎或道别，对知道姓名的常客和贵宾，应以姓氏称呼。 ⑤关门时，提醒客人清点行李，并避免车门夹到客人，如果是出租车，应特别注意车座上是否有遗留物品。 ⑥协助老、弱、病、残、幼上下车，必要时使用酒店的轮椅。 ⑦示意行李员上前为客人搬运行李，必要时应协助行李员一起搬运。 ⑧当客人乘大客车抵店时，门童应站立在车门一侧迎接客人，主动点头致意、问候，搀扶行动不便的客人。对于货车及客货两用车则一般不提供开车门的服务。 ⑨若客人乘出租车，门童则应记下出租车车牌号备查。 ⑩若客人属贵宾，则应按酒店既定接待规格进行迎接。 ⑪如遇雨天，酒店大门没有华盖，门童应准备雨伞，主动打伞，接客人进出酒店。 (3) 实训结束

单元四 礼宾服务

三、考核标准

为进出店客人拉车门服务操作考核标准见表4-2。

表4-2　为进出店客人拉车门服务操作考核标准

考核内容	考核标准	满分	实际得分
仪容、仪表、仪态	符合职业要求	2	
语言	礼貌、得体，体现专业素养	8	
操作程序	完整、无遗漏和反复	10	
总分		20	

实训二　为进出店客人拉大门的服务

为进出店客人拉大门的服务

一、操作流程

操作流程：做好准备→开门→问候→关门。

二、操作要求

为进出店客人拉大门的服务见表4-3。

表4-3　为进出店客人拉大门的服务操作要求

操作任务	为进出店客人拉大门的服务
操作时间	实训授课0.5学时，共计20分钟。其中，示范讲解5分钟，学员操作10分钟，考核测试5分钟

续表

操作要求	（1）仪容、仪表、仪态符合职业要求。 （2）熟练掌握门童基本业务知识。 （3）服务用语礼貌，语音适中，发音清楚，说话流利。 （4）应变协调能力强
操作用品	（1）酒店大门
操作方法	（1）示范讲解。 （2）学生两人一组，交互练习。 （3）教师点评并考核
操作步骤与操作标准	（1）实训前 ①准备实训用具，着装整齐，以达到仿真状态。 ②仪表、仪态及礼貌用语练习。 ③对话内容与场景由学生自行提前设计。 （2）实训开始 ①站在大门一侧，精神饱满，注意力集中。 ②看见客人走到大门前2~3m处的位置，主动拉开大门扶稳，一手拉门，另一手背在身后。 ③面带微笑，问候客人或道别。 ④在没有客人进出时，一般应保持大门的关闭状态。 ⑤遇客人行李较多时，应主动帮助提拿或招呼行李员。 ⑥若酒店大门为自动门或旋转门，则不必拉门，但应注意客人进出情况，防止意外事故发生。 （3）实训结束

三、考核标准

为进出店客人拉大门服务操作考核标准见表4-4。

表 4-4　为进出店客人拉大门服务操作考核标准

考核内容	考核标准	满分	实际得分
仪容、仪表、仪态	符合职业要求	2	
语言	礼貌、得体，体现专业素养	8	
操作程序	完整、无遗漏和反复	10	
	总分	20	

实训三　散客到店时的行李服务

散客到店时的行李服务

一、操作流程

操作流程：卸行李→引导客人到总台办理入住手续→等候客人→引导客人进房→介绍房间设施及服务→离房→记录。

二、操作要求

散客到店时的行李服务操作要求见表 4-5。

表 4-5　散客到店时的行李服务操作要求

操作任务	散客到店时的行李服务
操作时间	实训授课 0.5 学时，共计 20 分钟。其中，示范讲解 5 分钟，学员操作 10 分钟，考核测试 5 分钟
操作要求	（1）仪容、仪表、仪态符合职业要求。 （2）熟练掌握行李员基本业务知识。 （3）服务用语礼貌，语音适中，发音清楚，说话流利。 （4）应变协调能力强

续表

操作用品	（1）酒店大堂、客房、电梯、小轿车。 （2）行李车、行李若干、行李牌、散客行李登记表、欢迎卡、房间钥匙、笔
操作方法	（1）示范讲解。 （2）学生两人一组，交互练习。 （3）教师点评并考核
操作步骤与操作标准	（1）实训前 ①准备实训用具，着装整齐，以达到仿真状态。 ②仪表、仪态及礼貌用语练习。 ③对话内容与场景由学生自行提前设计。 （2）实训开始 ①当客人乘车抵达酒店时，行李员迅速上前，帮助客人将行李从车上撤下，与客人一起清点行李件数，并注意检查行李破损情况，视行李的多少决定用手提或使用行李推车；客人的贵重物品，如手提电脑、公文包等，可由客人自己提拿；装行李车时，注意将大件、重件、硬件行李放在下面，小件、软件、轻件行李装在上面。另外，搬运行李时必须小心，轻拿轻放，绝不许用脚踢客人的行李。 ②引领客人到总台接待处办理入住登记手续，对熟客或有预订的客人，应尽量称呼客人姓氏。 ③客人办理住宿登记手续时，行李员应站在客人身后约1.5m处看管行李，在每件行李上拴好散客进店行李牌，随时注意客人和总台接待员的召唤。 ④待客人办妥手续后，主动上前从接待员手中领取房间钥匙及欢迎卡，确认房间号将房号写在行李牌上，引领客人进房间；引领客人时，走在客人左前方，距离二三步距离，步伐节奏与客人保持一致，遇到拐弯或人多时，要注意回头招呼客人；途中适时向第一次到店的客人介绍酒店的服务项目和设施，对于熟客则可介绍酒店近期的营销活动。 ⑤注意乘坐电梯的礼节：应主动为客人按电梯，并请客人先上电梯；行李员进电梯后，按好电梯楼层键，站在电梯控制台旁，面朝客人，主动与客人沟通，在电梯上行的过程中，遇到其他客人进出，也应主动问候，提供服务；电梯到达后，请客人先出电梯，再提行李跟出。

续表

| 操作步骤与操作标准 | ⑥到达客房门口时，先按门铃或敲门，房内无反应，再用钥匙开门，以避免总台卖重房而给客人带来不悦；若开门后发现房间未整理或客人对房间不满意，则要立即向客人道歉并迅速与总台联系，及时为客人就近换房。
⑦进户：开门后，将钥匙牌插入节电控制开关卡槽内，然后退到房门一侧，请客人先进，将行李按客人要求放好或放在行李架上；若在白天，要为客人拉开窗帘，晚上则应先开灯。
⑧在介绍房内设施及其使用方法时，要注意简明扼要，时间不能太长，一般可介绍以下方面：门后的楼层紧急疏散图等安全措施，房内空调开关的使用及棉被的位置，床头柜上控制板的电器、照明、请勿打扰灯的使用方法，电视节目内容、店内常用电话号码表，冰箱位置及小酒吧服务，洗衣服务，介绍卫生间冷热水开关，扼要介绍酒店的特色服务。在介绍过程中，始终关注客人的表情，机动灵活，避免说"这是电视机""这是卫生间"之类的废话（以上介绍只针对第一次入住本酒店的客人）。
⑨离房：介绍完房间后，要征询客人是否还有吩咐，表示随时愿意提供服务，祝客人住店期间愉快，然后迅速离开。注意不要给客人造成索取小费的误解，退出房间时要面向客人将房门轻轻关上。
⑩从员工通道返回行李处，填写散客行李登记表。
（3）实训结束 |

三、考核标准

散客到店时的行李服务操作考核标准见表4-6。

表4-6 散客到店时的行李服务操作考核标准

考核内容	考核标准	满分	实际得分
仪容、仪表、仪态	符合职业要求	2	
语言	礼貌、得体，体现专业素养	8	
操作程序	完整、无遗漏和反复	10	
总分		20	

实训四　散客离店时的行李服务

散客离店时的
行李服务

一、操作流程

操作流程：观察客情→确认离店信息→进房→收行李→引导客人到总台结账→搬运上车→记录。

二、操作要求

散客离店时的行李服务操作要求见表4-7。

表4-7　散客离店时的行李服务操作要求

操作任务	散客离店时的行李服务
操作时间	实训授课0.5学时，共计20分钟。其中，示范讲解5分钟，学员操作10分钟，考核测试5分钟
操作要求	（1）仪容、仪表、仪态符合职业要求。 （2）熟练掌握行李员基本业务知识。 （3）服务用语礼貌，语音适中，发音清楚，说话流利。 （4）应变协调能力强
操作用品	（1）酒店大堂、客房、电梯、小轿车。 （2）行李车、行李若干、行李牌、散客行李登记表、欢迎卡、房间钥匙、笔
操作方法	（1）示范讲解。 （2）学生两人一组，交互练习。 （3）教师点评并考核

续表

操作步骤与操作标准	（1）实训前 ①准备实训用具，着装整齐，以达到仿真状态。 ②仪表、仪态及礼貌用语练习。 ③对话内容与场景由学生自行提前设计。 （2）实训开始 ①站立于指定位置，发现客人携行李时，应主动提供服务。 ②行李处接到电话通知，要求上房收取行李时，应问清客人的房号、姓名、行李件数、搬运时间等，做好记录，决定是否需带行李车，然后与总台收银处联系，核实客人是否已结帐，及时安排行李员到客人房间提取行李，并随身携带行李寄存单。 ③进入房间前，先按门铃或敲门，经客人同意后方可进入房间。 ④主动问候客人，与住客核对行李件数，检查行李破损情况。 ⑤弄清客人是否直接离店，如直接离店且未结帐，则装上行李后，与客人一道离开房间，带客人到总台收银处办理退房结账手续。 ⑥如客人要寄存行李，则填写行李寄存单，将行李送回行李房寄存。 ⑦送客人离开酒店时，将客人行李搬上车，并请客人确认，礼貌问清房间钥匙情况，向客人道别，祝客人旅途愉快。如客人乘坐的是出租车，应记下客人乘坐的出租车车牌号。 ⑧填写散客行李登记表。 （3）实训结束

三、考核标准

散客离店时的行李服务操作考核标准见表4-8。

表4-8　散客离店时的行李服务操作考核标准

考核内容	考核标准	满分	实际得分
仪容、仪表、仪态	符合职业要求	2	
语言	礼貌、得体，体现专业素养	8	
操作程序	完整、无遗漏和反复	10	
总分		20	

实训五　团队客人到店时的行李服务

团队客人到店时的
行李服务

一、操作流程

操作流程：交接、核查行李→行李暂管→送行李上房间→记录。

二、操作要求

团队客人到店时的行李服务操作要求见表4-9。

表4-9　团队客人到店时的行李服务操作要求

操作任务	团队客人到店时的行李服务
操作时间	实训授课0.5学时，共计20分钟。其中，示范讲解5分钟，学员操作10分钟，考核测试5分钟
操作要求	（1）仪容、仪表、仪态符合职业要求。 （2）熟练掌握行李员基本业务知识。 （3）服务用语礼貌，语音适中，发音清楚，说话流利。 （4）应变协调能力强
操作用品	（1）酒店大堂、客房、电梯、小轿车。 （2）行李车、行李若干、行李牌、团队行李入店登记表、欢迎卡、房间钥匙、笔
操作方法	（1）示范讲解。 （2）学生两人一组，交互练习。 （3）教师点评并考核
操作步骤与操作标准	（1）实训前 ①准备实训用具，着装整齐，以达到仿真状态。 ②仪表、仪态及礼貌用语练习。 ③对话内容与场景由学生自行提前设计。

续表

操作步骤与操作标准	（2）实训开始 ①团队行李到店时，由行李员领班与行李押运员进行交接；小心卸下行李，整齐排放，清点行李件数，注意检查行李破损情况，然后填写团队行李入店登记表，注明行李件数、到店时间等，双方签字确认。 ②如行李有破损或短缺，须请行李押运员签字证实，并及时通知陪同及领队。 ③如行李先于客人抵店，将行李放到指定地点，每件行李拴上行李牌，标明团号码放整齐，如等待时间较长，用行李网罩罩上，注意妥善保管。 ④待客人办理完入住登记手续，行李员接到接待处提供的团体分房表后，准确、迅速查出住客的房间号码，清楚写在行李牌上。 ⑤安排人员将行李送往客房。运送行李时，应遵循"同团同车、同层同车、同侧同车"的原则，小心运送，保证不出差错，不损坏客人和酒店财物。 ⑥到达楼层后，按房号分送行李。将行李放在房门一侧，按门铃或敲门，客人开门后主动向客人问好，把行李送入房间，待客人确认无误后，方可离开。若客人暂不在房间，可请楼层服务员开门，将行李送入房间。注意上下楼层使用员工电梯。 ⑦对于名字牌不清、无人认领或破损的行李，要妥善保管，及时与陪同和领队联系以便解决问题。 ⑧每位行李员把自己所送行李的房间号码和行李件数记录下来，送完行李后，准确登记在团队行李入店登记表上，并核对行李总数与入店时是否一致，将该表格按进店时间存档。 （3）实训结束

三、考核标准

团队客人到店时的行李服务操作考核标准见表4-10。

表4-10 团队客人到店时的行李服务操作考核标准

考核内容	考核标准	满分	实际得分
仪容、仪表、仪态	符合职业要求	2	
语言	礼貌、得体，体现专业素养	8	
操作程序	完整、无遗漏和反复	10	
总分		20	

实训六 团队客人离店时的行李服务

团队客人离店时的
行李服务

一、操作流程

操作流程：确认离店事宜→上房间收行李→核对行李情况→交接行李→搬运上车→记录。

二、操作要求

团队客人离店时的行李服务操作要求见表4-11。

表4-11　团队客人离店时的行李服务操作要求

操作任务	团队客人离店时的行李服务
操作时间	实训授课0.5学时，共计20分钟。其中，示范讲解5分钟，学员操作10分钟，考核测试5分钟
操作要求	(1) 仪容、仪表、仪态符合职业要求。 (2) 熟练掌握行李员基本业务知识。 (3) 服务用语礼貌，语音适中，发音清楚，说话流利。 (4) 应变协调能力强
操作用品	(1) 酒店大堂、客房、电梯、面包车。 (2) 行李车、行李若干、行李牌、团队行李出店登记表、欢迎卡、房间钥匙、笔
操作方法	(1) 示范讲解。 (2) 学生两人一组，交互练习。 (3) 教师点评并考核

操作步骤与 操作标准	（1）实训前 ①准备实训用具，着装整齐，以达到仿真状态。 ②仪表、仪态及礼貌用语练习。 ③对话内容与场景由学生自行提前设计。 （2）实训开始 ①根据总台发出的团队离店表上的通知，通过与领队和陪同的主动沟通，确定行李件数和离店的时间，安排次日团队的离店事宜。 ②行李员按规定的时间提前10分钟，依照团号、团名携行李车及离店团队房号单到楼层收取客人放在房门口的行李。行李员收行李时，应注意行走路线，以节约时间。 ③记下每个房间的行李件数，与入店行李数核对，若数量不符，则应仔细核对，及时报告领班，与客人或陪同联系确认，同时检查行李破损情况。 ④若房门口没有行李，客人又不在房间，则应及时报告领班，协调解决。 ⑤把行李集中到大堂，排放整齐，清点总数，填写团队行李出店登记表。与陪同或领队联系，请其核对，共同签字确认。 ⑥对于暂时不取的行李，罩上行李网，将登记表别在网上，注意看管。 ⑦行李车到达后，迅速小心地将行李装车，与行李押运员核对行李件数，办理交接手续，注明车牌号。 ⑧由领班填写齐全行李进出店登记表并存档。 （3）实训结束

三、考核标准

团队客人离店时的行李服务操作考核标准见表4-12。

表 4-12 团队客人离店时的行李服务操作考核标准

考核内容	考核标准	满分	实际得分
仪容、仪表、仪态	符合职业要求	2	
语言	礼貌、得体、体现专业素养	8	
操作程序	完整、无遗漏和反复	10	
总分		20	

实训七 行李寄存服务

行李寄存服务

一、操作流程

操作流程：问候→确认客人身份→确认无违禁品→填写行李寄存表→检查行李→介绍注意事项→行李存放→记录。

二、操作要求

行李寄存服务操作要求见表 4-13。

表 4-13 行李寄存服务操作要求

操作任务	行李寄存服务
操作时间	实训授课 0.5 学时，共计 20 分钟。其中，示范讲解 5 分钟，学员操作 10 分钟，考核测试 5 分钟
操作要求	（1）仪容、仪表、仪态符合职业要求。 （2）熟练掌握行李员基本业务知识。 （3）服务用语礼貌，语音适中，发音清楚，说话流利。 （4）应变协调能力强

续表

操作用品	（1）酒店大堂、行李房、行李台。 （2）行李若干、行李寄存卡、行李寄存记录本、欢迎卡、房间钥匙、笔
操作方法	（1）示范讲解。 （2）学生两人一组，交互练习。 （3）教师点评并考核
操作步骤与操作标准	（1）实训前 ①准备实训用具，着装整齐，以达到仿真状态。 ②仪表、仪态及礼貌用语练习。 ③对话内容与场景由学生自行提前设计。 （2）实训开始 ①客人前来寄存行李时，行李员应主动问好，热情接待，礼貌服务。 ②请客人出示房卡或钥匙，以确认客人是否为住店客，外来客人的行李原则上不予寄存。 ③礼貌询问客人行李中是否有酒店不予寄存的物品。 ④问清行李件数、提取时间、姓名、房号填写行李寄存卡，请客人在行李、寄存卡的寄存联上签名确认。行李寄存卡上如确需涂改，应在涂改部位签名。 ⑤检查行李的破损、上锁情况，如发现问题，应当面向客人说明清楚，并在行李寄存卡上注明。 ⑥将寄存卡的提取联交给客人，并向客人简要说明注意事项，提醒客人详阅提取联背面的"宾客需知"。 ⑦把寄存卡的寄存联挂在行李上，放入行李房，填写行李寄存记录本，注明存放的位置；寄存两件以上的行李，应用绳子把它们拴在一起。 ⑧当班未领取的行李，应注意与同事交接清楚。 （3）实训结束

三、考核标准

行李寄存服务操作考核标准见表4-14。

表4-14 行李寄存服务操作考核标准

考核内容	考核标准	满分	实际得分
仪容、仪表、仪态	符合职业要求	2	
语言	礼貌、得体，体现专业素养	8	
操作程序	完整、无遗漏和反复	10	
总分		20	

课后练习

一、选择题

1. （　　）负责店外宾客迎送服务。

A. 机场代表　　B. 大堂副理　　C. 门童　　D. 前台接待

2. 行李员在提供散客换房行李服务时，敲门进房后，首先应该（　　）。

A. 打开客房总电源开关　　　　B. 将行李放在行李架上

C. 将客人引入房内　　　　　　D. 向客人介绍房内设施设备

3. 礼宾部的岗位不包括（　　）。

A. 机场代表　　B. 门童　　C. 行李员　　D. 票务员

二、简答题

1. 门童迎送宾客的服务内容是什么？

2. 简述行李员对散客抵店时行李服务的基本程序。

单元五　客房预订与销售

学习目标

1. 掌握预订处岗位职责。
2. 掌握预订员的工作内容。
3. 了解客房预订的种类。
4. 了解客房预订的程序和标准。
5. 了解客房预订各项业务服务的操作规程与标准。
6. 掌握客房销售程序和技巧。
7. 能够应对电话预定的受理、客房预订变更、传真及网络预订等。

一、预订处岗位职责

(一) 订房部主管职责

(1) 按照经理的指示工作，全面负责预订工作，了解订房情况，处理有关文件和控制房间预订。

(2) 负责制作、保存和分送周报表、月报表，反映房间、订房情况。

(3) 负责整个订房部的档案存放工作。

(4) 负责督导、培训订房部员工。

(5) 完成总经理或前台部经理的一些特殊安排。

（二）订房部领班职责

（1）对订房部进行管理：督导、培训订房部职员；安排职员的班次和布置工作任务。

（2）核对团体订房及散客订房变更和取消的房间数。

（3）负责发出各种信件、备忘录和印制报表等并交给各部门。

（4）每月安排各种用品的使用。

（5）与销售、接待、公关等部门沟通联系。

（6）每月第一天做上个月的房间销售分报表（Room Sales Analysis），分送总经理、房务总监、前台部、销售部。

（7）做好档案工作。

（8）完成前台经理、订房主管安排的各项工作。

（三）订房员职责

（1）按订房部领班的指示工作。

（2）接受及处理电话、电传和文件及散客或团体的订房和变更，按操作规程作相应更改。

（3）处理好有关部门（销售部）的订房单或变更单。

（4）把散客和团体订房单按日期排列好并归档，建立客史档案。

（5）推销酒店的房间及服务。

（6）完成各类报表的印发，将订房资料准确地输入电脑。

（7）向有关部门呈报 VIP 客人通知单。

（8）负责制作客房营业分析对照表。

二、预订员的工作内容

（1）按规定着装，准时到岗。

（2）在交班本上签到，阅读交班内容，按照要求工作。

（3）了解当天及近期的房间情况，房间紧张期间不得擅自接受订房。

（4）熟悉当天抵店 VIP 客人的身份证号以及抵离时间，将 VIP 客人的情况、开房率、团队情况抄在告示板上。

单元五　客房预订与销售

（5）整理前一天的订房单并进行装订。

（6）复印前一天的旅行社没有按预订入住（No-show）的订单资料。

（7）检查第二天的团队并在电脑中按每个团队的房间总数和相应人数开设账户。

（8）与销售部核对第二天的团队。

（9）星期天早上做出下一周的房间预计情况表（Rooms Forecast）和VIP预报情况表（VIP Forecast），并发送给有关部门。

（10）完成当天的预订工作，未能及时完成的做好交班，由下一班完成。

三、客房预订的种类

客房预订可按以下几个标准划分种类。

（一）按照人数构成划分

散客（自由零散旅游者）、团体客人。

（二）按照接待等级划分

普通客人、VIP客人。

（三）按预订手段划分

面谈预订、电话预订、电传预订、信函预订、互联网预订。

（四）按照预订的效力程度划分

1. 临时性预订

临时性预订（Advanced Reservation）是预订种类中最简单的一种类型，是指客人在即将抵达酒店前很短的时间内，或在当天才联系预订。

由于时间紧迫，酒店无法要求客人预付定金，也没有时间进行书面确认，只能口头确认。

2. 确认性预订

确认性预订（Confirmed Reservation）是指同意预订并保留所订的客房到双方事先约定的某一个时间。这是一种比较重信誉的预订方式。如果客人错过了商定的截止日期（Cut-off Time）而未到店，也未提前通知酒店，在用房高峰阶段，酒店可另租给其他客人。确认预订的方式有口头确认和书面确认。很多酒店对持有确认书的客人给予优惠服务，例如，信用限额（House Credit Limit）升级，或一次性结账服务。

3. 保证性预订

保证性预订（Guaranteed Reservation）是在任何情况下必须保证客人预订实现的承诺，同时客人也要保证按时入住，否则要承担经济责任的一种信誉最高的预订方式。

（五）按酒店接纳的饱和度划分

超额预订（Overbooking）是指酒店在一定时期内，有意识地使用其所接受的客房预订数超过其客房接待能力的一种预订现象，其目的是充分利用酒店客房，提高开房率。超额预订应该有"度"的限制，以免出现因"过度超额"而不能使客人入住，或"超额不足"而使部分客房闲置的情况。通常，酒店接受超额预订的比例应控制在10%~20%，各酒店应根据各自的实际情况，合理掌握超额预订的"度"。超额预订数要受预订取消率、预订而未到客人之比率、提前退房率以及延期住店率等因素的影响。

（六）按预订的渠道及方式划分

按预订的渠道及方式可分为散客自订房、旅行社订房、公司订房、各种国内外会议组织订房、网上订房。

四、客房预订的程序和标准

预订工作可能因为客人的类型、性质和预订方法等不同而在操作上有所不同，但一般情况下，预订工作都要经过以下几个环节：预订受理与确认→预订记录与修改→预订录入与检查→抵店前准备→上级检查核对→资料存档。

（一）预订受理与确认环节

客人前来预订，预订处员工应该在明确客源类型、抵离日期。听取客人预订要求时，迅速查看预订处工作簿或电脑，根据实际情况来确定是否能够接受预订。

若当时不能接受预订，应婉拒客人。婉拒客人后应及时主动地提出若干可供参考或选择的建议，或征得客人同意，将其列入"等候名单"（Waiting List）

中，并表示相应的歉意和感谢。

若能够满足预订，应做简要的介绍，描述各类型房间的区别和房价，讲清房价所含项目，复述客人要求，并进行预订意向确认，内容包括对预订房间的要求、对入住期限的要求、房价和付款方式、陈述有关政策、欢迎并表示感谢等。

（二）预订资料记录与修改环节

在确定能够受理客人预订，接受客人预订意向后，就应正式做预订资料的记录工作。

预订资料记录步骤一般是：填写预订单，在"预订汇总表"上标明房型、间/天数；填写预订卡/条并按日期顺序放入预订架；存放其他预订资料，包括确认书、变更单、交付定金收据、客史档案卡等。

在接受预订修改时，要问清客人身份或联系人姓名、单位、电话号码，确认修改权限；填写"变更通知单"或"取消通知单"，与原单据附在一起；在预订卡/条和订房资料上做相应的更改或注明"取消"。如果原预订要求涉及其他部门，则立即给相关部门发送"变更"或"取消通知单"。

若是使用电脑进行预订控制与管理的，除了标示修改手工单据外，还要在权限范围之内对已录入的资料做相应修改。

（三）预订录入与检查环节

预订资料录入指的是使用电脑处理预订时，根据人工填写的预订单进行电脑资料增加（更新）的过程，这是电脑原始资料采集的过程，录入电脑中的资料若是有误或是不完全，最终将影响统计、分析工作，也会影响其他岗位和部门的服务工作。

预订资料输入的要求：按照订单上的内容准确无误地输入电脑；每天接受的订房当天全部输入电脑，若是当前房间供应较为紧张，则要先输入订房紧张日子的订房，若房间有特殊要求以及要预分的订房，则应立即输入电脑预分房间；当天接受的订房必须立即输入电脑，并交接待处。

录入资料的重要性要求预订员核查资料的准确性和完备性，发现错误，及时纠正，对每一个已确认的预订都要进行多次核对。每天核对下月当天抵店预订；核对抵店前一周、前一天的预订状况；对于大型团体客人或专业会议，核对次数和内容要更多、更细致。

（四）抵店前的准备环节

按计划实施预订客人抵店前的准备工作是前厅服务过程中重要的前期工作。准备工作做得是否充分，直接关系到前厅服务的质量水准。抵店前准备工作的内容如下。

（1）预报客情。按规定的预报周期及时段，依据预订资料统计和预测开房率，将预报表、接待计划等按规定的时间及时送达或通知。

（2）预分排房，即按预订要求、接待标准，提前为已办理预订的客人分配房间、确定房号，并将有关变更或补充的通知传达至相关部门。

（3）实施计划。在抵店前一天，将已经批准的各项接待及安排计划送达相关部门。

（五）上级检查核对环节

预订客房在客人入住前经常会发生变更、取消等情况，客人的需求也常常发生变化，为提高预订的准确性和开房率，避免出现工作疏漏，上级领导要进行核对和检查，这是对录入资料的再核实过程，以确保资料有效、正确、完整，避免因预订资料的错误影响整个服务工作。

（六）预订资料的存档环节

预订资料的存档是将预订资料进行保存的过程。每一笔预订单完成后，要妥善放置，以备下一班次核查和调用。预订资料存放顺序主要是按抵达日期的顺序放置。对于同一天抵店的客人按照英文字母 A—Z 的顺序存放，以便于查找。将全部订房资料装订、收存。需要注意的是对于有两间以上的订房要求，或同一批客人分批陆续到店等特殊情况，应将预订资料复印多份，最后按不同的抵店日期分别存放。

五、客房预订各项业务服务的操作规程与标准

（一）散客订房服务

1. 散客订房的基本程序

散客订房的基本程序：预订受理→填写订单→打上时间→输入电脑→主管

检查→订单归档。散客订房要求预订员严格按照订单上的项目，完整、准确地填写订房单，字迹要端正、清晰，订单要保持整洁；与客人讲清楚房价、房态、房间保留的时间；标注预订时间；正确输入电脑（这是指由电脑管理来控制预订资料的酒店）；及时将订房单整理归档。

2. 交预付金，房间保留

为保留客人的房间，又不因客人没到而造成经济损失，订房的时候，建议客人交至少一晚的定金或用书面报信用卡号码的方式确保订房。其操作步骤为：写清楚订单的各项目；输入电脑或保管好单据；带客人到财务部门预付定金，由财务电脑输入；如使用信用卡号码作为确认性订房，则要求用书面报信用卡号码及有效日期并签名；还有部分客人可能会以挂号信寄送银行支票，在收到支票后，应核对支票上所提及的定金用途及客人姓名是否与订房符合，将支票抄在支票登记簿上并移交财务信用组，在订单上则需注明已付款项、支票号码、经手人以及日期等。

3. 散客订房的特殊要求

（1）接车、机。有些星级酒店会派酒店代表在机场、车站迎候客人，并派交通车辆接送客人抵店。如果客人指定派专车接送，则要求客人以书面形式通知订房部订车，订房部员工按照客人要求用书面形式回复客人，并报清楚车价。订车程序如下：填写订车单，打上时间；订车单第一联交汽车调度部门；第二、三联夹在订单后，待与汽车调度部门核对后，将拟交酒店代表的第二联夹在接送记录簿上；在订单上注明，并输入电脑；检查；最后将订单归档。

（2）订票。客人通过电话订房后再订票，电话一律转到票务处，由票务处当班人员决定是否接受订票要求；客人用传真、电传、信件等书面订房且需要订票，必须将书面资料复印一份交票务处当班人员，并要求在正本签收且由票务人员回复给客人。

（3）订餐。旅行社代理的客源通常在订房时附带订餐。订餐程序如下：①把复印的团体订餐单及散客订餐单按中、西式分开。②订西式早餐的要开 2 张订餐单，各式正餐及中式早餐开 3 张订餐单，内容为：用餐日期、用餐种类、团名、用餐地点、人数、用餐标准。西餐还需写上编号。③把写好的订餐单其中的一联作为留底用，其余的交团体财务用来开账单和发餐券，中餐只发一张餐券，而西餐则每人发一张餐券。④待开好账单、餐券后把订餐单交还本部门。

⑤接到餐券后要盖上日期、编号印及用餐种类。⑥若客人订套餐（只限西式），根据订餐的标准挑出合适的菜谱供客人选择，若客人对菜谱提出特殊要求，需马上向西厨师傅传达，并在订餐单上注明；若无问题则在要求栏内写上套餐的编号，请客人在订餐单上签名。⑦发送订餐单到宴会部或相关的餐厅。⑧下订单时，把一联交对方，另一联交对方签收后取回存档。将订餐单钉在订单的右上角，并在订单上注明订餐种类，将要订餐的资料复印一份夹在订单后，以方便主管检查。

（4）留言。如果有询问处交来已订房客人的留言单，则找出相应的订单，在订单上标注，然后将留言单附在订单后。

（5）更改、取消订房。找出订房单，作相应的更改或取消（可在电脑上进行）。更改、取消订单要注意：如果有订餐、订车、VIP、订票、定金，要按程序通知相应的部门更改或取消。凡旅行社取消当天或可收取损失费期限内的订房，则需复印其资料交财务处，向旅行社收取损失费。

（6）预订会议室。把电话或订房文件转交到商务中心办理，相关情况由商务中心员工负责答复客人。

（二）团体预订服务

团体客人订房的基本程序为：团体登记本→团体订房控制表→填写订单→打上时间→输入电脑→主管检查→订单归档。团体预订和散客预订有一定的相似之处，基本程序也大致相同。

（三）VIP 订房服务

VIP 客人订房的基本程序为：受理并填写订单及 VIP 接待通知单→打上时间→输入电脑→预分房→交有关人员审核并签名→部门检查并签名→订单归档。

（四）酒店专有预订系统

酒店专有预订系统是指酒店企业在互联网上自设网址和主页，进行自主营销。这种预订的处理程序和方法同上面所述的差不多，但是不用支付佣金，在此不多赘述。

六、客房销售

(一) 客房销售程序

1. 掌握客人特点

酒店客人的年龄段、性别、职业、国籍、住店目的等各有不同,前厅服务员可根据所掌握客人的特点进行灵活推销。

2. 介绍酒店产品

除了向客人介绍客房的种类、位置、形状、朝向、面积、色彩、装潢和家具等外,还可以介绍会议、宴请、餐厅、酒吧、茶座、商务中心、洗衣、理发、游泳、康乐、商场、停车场等设施及服务,以及酒店内举办的娱乐活动和当地举办的各种节日活动。具有特色的酒店服务也是可供推销的商品。此外,前厅服务员还应对竞争对手酒店的情况十分了解,以帮客人作出选择。

3. 巧妙地商谈价格

在与客人商谈价格时应使客人感到酒店销售的产品物有所值。因此,在销售过程中着重推销的是客房的价值而不是价格。推销时可根据客房的特点,为客房加上恰如其分的形容词,如湖景房、海景房、中式套房、西式套房等。

4. 主动带客人参观

客人在选择客房过程中表现犹豫时,可建议带其参观客房,带客参观时要表现得有信心、有效率、有礼貌,即使客人不住,也要对客人的光临表示感谢并欢迎其再次光临。

5. 尽快作出安排

客人在参观时表示对客房感兴趣的话,应用提问的方式促使客人作出选择。一旦客人作出选择,应对客人的选择表示赞赏与感谢,并为客人立即办理入住登记手续,缩短客人的等候时间。

(二) 客房销售技巧

1. 报价方法要灵活

(1) 高低向报价法。这是针对讲究身份、地位的客人设计的,以期最大限度地提高客房的利润率。这种报价法首先向客人报明酒店的最高房价,让客人了解酒店所提供房间最高房价以及与其相配的环境和设施，在宾客对此不感兴趣时再转向销售较低价格的客房。接待员要善于运用语言技巧说动客人，高价伴随的高级享受，诱使客人做出购买决策。当然，所报价格应相对合理，不宜过高。

（2）低高趋向报价法。这种报价可以吸引那些对服务价格作过比较的客人，为酒店带来广阔的客源市场，这种报价法有利于发挥酒店的竞争优势。

（3）交替排列报价法。这种报价法是将酒店所有客房现行价格按一定排列顺序提供给客人：先报最低价格，再报最高价格，最后报中间价格，让客人有选择适中价格的机会。这样，酒店既坚持了明码标价，又推护了商业道德；既方便客人在整个价格体系中自由选择，又增加了酒店高价客房出租率，使酒店获得更多的收益。

（4）选择性报价法。采用此类报价法要求总台接待人员善于识别抵店客人的支付能力，能客观地按照客人的兴趣和需要，选择提供适当的房价范围，一般报价不能超过两种以上，以体现估量报价的准确性，避免选择报价时客人犹豫不决。

（5）利益引诱报价法。这是一种对已预订到一般价位客房的客人，采取给予一定附加利益的方法，使他们放弃原预订价格，转向购买高一档次价格客房的服务。

（6）"三明治"报价法。此类报价是将价格置于所提供的服务项目中，以减弱直观价格的分量，增加客人购买的可能性。此类报价一般由总台接待人员用口头语言进行描述性报价，强调提供的服务项目是适合于客人利益的，但报价不能太高，要恰如其分。

（7）灵活报价法。灵活报价是根据酒店的现行价格和规定的价格浮动幅度，将价格灵活地报给客人的一种方法。此报价方式一般是由酒店的主管部门决定，根据酒店的实际情况，在一定价格范围内适当浮动，灵活报价，调节客人的需求，使酒店经济效益达到理想水平。

2. 推销技巧要适宜

（1）以礼取人法。慧眼识人，从客人步入店门的一刻起，在简单的迎宾过程中，能迅速为其分级定档，并根据其可能接受的消费水平打开突破口，因人而异，运用不同的推销策略、价格水平，尽量达到多招徕客人的目的。

单元五　客房预订与销售

（2）巧用画蛇添足法。所谓画蛇添足法，是动用报价方式的一种技巧，即先报基本价，再报服务价，以此法可削弱客人闻价色变的可能性，将其动摇程度降到最低限度。

（3）循循善诱法。推销客房在很多方面与推销商品一样，要生动地描绘、耐心地讲解，以达到成交的目的。此时，循循善诱法便会显示出特有的魅力。

（4）对"优柔寡断"客人的销售技巧。

①了解动机（度假、观光、娱乐），针对不同情况，灵活机动地开展销售。

②要在推销的同时介绍酒店周围的环境，增加感染力和诱惑力。

③熟悉酒店的各项服务内容，附加的小利益往往可以起到较好的促销作用。

④需要多一些耐心和努力。

（5）对"价格敏感"客人的销售技巧。

①总台员工在报价时一定要注意积极描述服务条件。

②提供给客人一个选择价格的范围，要运用灵活的语言描述高档服务的优点。

③描述不同类型的服务时，要对客人解释说明服务特征和设施的各自特点。

④熟悉本酒店所提供的特殊价格政策，认真了解价格敏感型客人的背景和要求，采取不同的销售手段，给予相应的折扣。

实训一　电话预订的受理

电话预订的受理

一、操作流程

操作流程：接起电话→了解预订要求→查看房态→做电子订单→复述核对预订内容→感谢来电→完善订单内容。

二、操作要求

电话预订的受理操作要求见表5-1。

表 5-1 电话预订的受理操作要求

操作任务	电话预订的受理
操作时间	实训授课 1 学时，共计 40 分钟。其中，示范讲解 10 分钟，学生操作 25 分钟，考核测试 5 分钟
操作要求	（1）仪容、仪表符合职业要求。 （2）熟练掌握预订员基本业务知识。 （3）语音语调轻柔适度，发音清楚，说话流利。 （4）操作规范，业务处理熟练无误，表单填写正确，电脑输入无误。 （5）具应变协调能力，有促销意识
操作用品	（1）电话分机两台/组、纸、笔、预订单。 （2）装有酒店管理软件的电脑一台/组
操作方法	（1）示范讲解。 （2）学员两人一组，交互练习。 （3）对话内容自行设计
操作步骤与操作标准	（1）实训前 ①准备实训用具，着装整齐，以达到仿真状态。 ②练习专业礼貌用语，熟悉房态。 ③熟悉实训素材。 （2）实训开始 ①接听电话时，必须使用礼貌用语，口齿清晰。3 声铃响内接起电话问候："Good morning, Reservations, how can I help you?"（您好，这里是客房预订部，请问有什么可以帮到您的?） ②了解客人需要及客人情况（预订人及客人姓名，联系电话，到店及离店时间，要求的房间类型及间数，房间价格及附加服务）。 ③看房态（如果房态不允许，客人同意的话就将其列入"Waiting List"）。 ④在预订单上记录。填写预订单时，必须认真、仔细、逐栏、逐项填写清楚，否则，稍有差错，将会给接待工作带来困难，影响服务质量和酒店的经济效益。 ⑤向客人复述、核对订房细节。 ⑥谢谢来电订房。 ⑦及时将预定信息输入电脑，向各相关部门发出订单。 （3）实训结束

三、考核标准

电话预订的受理操作考核标准见表 5-2。

表 5-2 电话预订的受理操作考核标准

考核内容	考核标准	满分	实际得分
仪容仪表	符合职业要求	1	
业务知识	熟练掌握预订员基本业务知识	7	
操作的准确性	信息录入完整、准确	5	
程序	完整、无遗漏和反复	4	
综合能力	体现应变协调能力、有促销意识	3	
总分		20	

实训二 客房预订变更

客房预订变更

一、注意事项

预订内容的变更（Amendment）是指客人在抵达之前临时改变预计的日期、人数、要求、期限、姓名和交通工具等；指由于各种缘故，客人可能在预订抵店之前取消订房（Cancellation）。接受订房取消时，不能在电话里表露出不愉快，而应使客人明白，他今后随时都可光临本酒店，并受到欢迎。正确处理订房的取消，对于酒店巩固自己的客源市场具有重要意义。在国外，取消订房的客人中有 90% 以后还会来预订。

二、操作流程

操作流程：了解预订变更要求→看房态→记录→复述核对订房变更细节→完善订单细节。

三、操作要求

客房预订变更操作要求见表5-3。

表5-3 客房预订变更操作要求

操作任务	客房预订变更
操作时间	实训授课1学时，共计40分钟。其中，示范讲解10分钟，学生操作25分钟，考核测试5分钟
操作要求	（1）仪容、仪表符合职业要求。 （2）熟练掌握预订员基本业务知识。 （3）语音语调轻柔适度，发音清楚，说话流利。 （4）操作规范，业务处理熟练无误，表单填写正确，电脑输入无误。 （5）具应变协调能力，有促销意识
操作用品	（1）电话分机两台/组、纸、笔、预订单。 （2）装有酒店管理软件的电脑一台/组
操作方法	（1）示范讲解。 （2）学员两人一组，交互练习。 （3）对话内容自行设计
操作步骤与操作标准	（1）实训前 ①准备实训用具，着装整齐，以达到仿真状态。 ②练习专业礼貌用语，熟悉房态。 ③熟悉实训素材。 （2）实训开始 ①3声铃响内接起电话问候："Good morning, Reservations, how can I help you?"（您好，这里是客房预订部，请问有什么可以帮到您的? ②了解客人预定变更要求。 ③看房态（如果房态不允许，客人同意的话就将其列入"Waiting List"；如果是担保型预订要根据担保协议来处理）。 ④在预订单上记录好，同时向客人复述、核对订房变更细节。 ⑤及时将电脑预订资料更新，并向各相关部门发出更改信息。 （3）实训结束

单元五 客房预订与销售

四、考核标准

客房预订变更操作考核标准见表5-4。

表5-4 客房预订变更操作考核标准

考核内容	考核标准	满分	实际得分
仪容仪表	符合职业要求	1	
语言	礼貌、得体、体现专业素养	1	
操作的规范性	业务处理熟练无误	4	
应变协调能力	完整、无遗漏和反复	4	
总分		10	

实训三 传真及网络预订

一、操作流程

操作流程：查收订房通知→了解预订需求→查看房态→做电子订单→回复确认预定→完善订单内容。

二、操作要求

传真及网络预订操作要求见表5-5。

表5-5 传真及网络预订操作要求

操作任务	传真及网络预订
操作时间	实训授课1学时，共计40分钟。其中，示范讲解10分钟，学生操作25分钟，考核测试5分钟

89

续表

操作要求	（1）仪容、仪表符合职业要求。 （2）熟练掌握预订员基本业务知识。 （3）语音语调轻柔适度，发音清楚，说话流利。 （4）操作规范，业务处理熟练无误，表单填写正确，电脑输入无误。 （5）具应变协调能力，有促销意识
操作用品	（1）电话分机两台/组、联网电脑、传真打印一体机。 （2）纸、笔、预订单。 （3）装有酒店管理软件的电脑一台/组
操作方法	（1）示范讲解。 （2）学员两人一组，交互练习。 （3）对话内容自行设计
操作步骤与操作标准	（1）实训前 ①准备实训用具，着装整齐，以达到仿真状态。 ②练习专业礼貌用语，熟悉房态。 （2）实训开始 ①查看电脑和传真机接到的客人预订信息，接到预订信息后，应立即处理，不能让客人久等。 ②认真看清客人需要及客人的情况（预订人及客人姓名，联系电话，到店及离店时间，要求的房间类型及间数，房间价格及附加服务）。 ③看房态（如果房态不允许，客人同意的话就将其列入"Waiting List"）。 ④在预订单上记录好并录入酒店管理系统中保存，做电子订单。 ⑤与客人传真或邮件确认预订。 ⑥及时将预订信息输入电脑，并向各相关部门发出订单。 （3）实训结束

三、考核标准

传真及网络预订操作考核标准见表5-6。

表 5-6 传真及网络预订操作考核标准

考核内容	考核标准	满分	实际得分
仪容仪表	符合职业要求	1	
语言	礼貌、得体，体现专业素养	4	
操作的准确性	信息录入完整、准确	5	
程序	完整、无遗漏和反复	7	
操作时间	3 分钟以内（超时不得分）	3	
总分		20	

实训四　客房销售

客户销售

一、操作流程

操作流程：观察、了解客人需求→使用语言技巧推销客房→采取不同的报价技巧→促使交易成功。

二、操作要求

客房销售操作要求见表 5-7。

表 5-7 客房销售操作要求

操作任务	客房销售
操作时间	实训授课 2 学时
操作要求	（1）仪容、仪表符合职业要求。 （2）熟练掌握预订员基本业务知识。 （3）语音、语调轻柔适度，发音清楚，说话流利。 （4）操作规范，业务处理熟练无误，表单填写正确，电脑输入无误。 （5）具应变协调能力，有促销意识

续表

操作用品	（1）纸、笔。 （2）装有酒店管理软件的电脑一台/组。 （3）房价表。 （4）酒店近期推出的客房促销、奖励活动计划
操作方法	讲解法、情景模拟法
操作步骤与操作标准	（1）实训前 ①准备实训用具，着装整齐，以达到仿真状态。 ②学生两人一组，交互练习。 ③说明训练要求及注意事项。 ④教师讲解示范。 ⑤给出操作程序及训练标准，要求学生根据程序及标准操作。 （2）实训开始 ①学生分组，分别扮演客人和接待员角色，进行客房销售情景模拟训练。 ②掌握客人特点，包括其年龄、性别、职业、国籍、住店目的等，前厅服务员可据此灵活推销。 ③介绍酒店产品。 ④巧妙地商谈价格。 ⑤主动带客人参观。 ⑥客人在参观中对客房感兴趣的话，应用提问的方式促使客人作出选择。 ⑦一旦客人作出选择，应对客人的选择表示赞赏与感谢，并为客人立即办理入住登记手续，缩短客人等候的时间；若客人不选择，也应礼貌地感谢客人的倾听。 实训中，教师不断巡视，观察记录，检查、纠正个别错误。 （3）实训结束：集体讲评，课堂总结

三、考核标准

客房销售操作考核标准见表5-8。

表 5-8　客房销售操作考核标准

考核内容	考核标准	满分	实际得分
销售表情	符合职业要求	1	
销售准备	礼貌、得体，体现专业素养	4	
语言技巧	信息录入完整、准确	5	
销售程序	完整、无遗漏和反复	7	
操作时间	10 分钟以内（超时不得分）	3	
总分		20	

课后练习

一、选择题

1. 目前较少使用的订房方式为（　　）。

   A. 电话预订　　B. 信函预订　　C. 传真预订　　D. 互联网预订

2. 不属于保证类预订的类型是（　　）。

   A. 现金担保　　B. 信用卡担保　　C. 口头担保　　D. 合同担保

3. 超额预订的英文名称是（　　）。

   A. Confirmed Reservation　　B. Guaranteed Reservation

   C. Over Booking　　D. Under Booking

4. 标准价的英文名称是（　　）。

   A. Rack Rate　　B. Commercial Rate

   C. Package Rate　　D. Discount Rate

5. 客人抵店当天的订房属（　　）。

   A. 保证性预订　　B. 确认性预订　　C. 临时性预订　　D. 契约订房

6. 酒店主要工作是负责向客人提供预订服务的是（　　）。

   A. 总机　　B 总台　　C. 预订部　　D. 房务中心

7. 担保类预订采用现金方式进行担保时不可以使用（　　）。

   A. 外币　　B. 有效支票　　C. 信用卡　　D. 现金

8. 担保类预订不可以使用（　　）。

   A. 外币　　B. 有效支票　　C. 信用卡　　D. 客人口头承诺

9. 不确认类预订通常指的是（　　）。
A. 临时预订　　　B. 等候类预订　　　C. 当天订　　　D. 隔天订

10. 预订单上面不是必须体现的内容是（　　）。
A. 客人的护照　　B. 房间类型　　　C. 房间数　　　D. 联系方式

11. 接到预订电话必须首先问明的内容是（　　）。
A. 联系方式　　　　　　　　　B. 房间类型
C. 房间数　　　　　　　　　　D. 是否为合约客人

12. 接到预订电话必须首先通过系统查看的内容是（　　）。
A. 房态　　　　　　　　　　　B. 房间价格
C. 客人是否可担保　　　　　　D. 有无客史

13. 客人提出改订房细节，预订员最关健要看（　　）。
A. 提出修改的形式　　　　　　B. 房间类型是否上升
C. 房态　　　　　　　　　　　D. 是否为合约客人

14. 客人提出取消订房，预订员最关健要看（　　）。
A. 提出取消的形式　　　　　　B. 是否关系到收取保证金
C. 房态　　　　　　　　　　　D. 是否为合约客人

二、思考题

1. 预订渠道有哪些？不同的预订渠道可以采用哪种应对服务策略？
2. 讨论接受电话预订的技巧。
3. 讨论预订更改的服务程序。
4. 如何处理客人的预订取消要求？

三、案例分析

某酒店前厅部上午班预订员为一名客人做了两间普通套房当天入住的普通预订。可是到了规定抵店时间客人还是没有到达。这时房源紧张，只有这两间预留的普通套房是空房了，总台正有位无预订散客要求入住。请问前厅部该怎样做？

单元六　前台接待服务

学习目标

1. 了解前台接待服务工作的地位和作用。
2. 掌握前台接待服务工作内容。
3. 掌握前台接待服务标准。
4. 掌握前台接待人员的岗位职责。
5. 掌握总台接待标准与工作程序。
6. 了解接待常见问题及对策。
7. 掌握交接班记录簿的使用。
8. 能够合理安排前台接待服务。

一、前台接待服务工作的地位和作用

总服务台在酒店整体服务工作中的地位和作用至关重要,它既是酒店对内对外联系的总渠道,又是枢纽,是酒店接待服务工作的指挥中心,酒店内部的各个部门,如餐饮部、游乐中心、供应部等都要靠总服务台来协调才能做好服务工作。在对外联络方面,总服务台承担着组织客源、想方设法为宾客提供热情周到的服务,使宾客感到满意并留下深刻的第一印象,从而为酒店吸收更多的客人,增加社会效益和经济效益。总服务台工作的重要性要求其服务人员精通业务、行动敏捷、准确无误。

二、前台接待服务工作内容

（1）登记入住。协助入住客人填写入住登记表，说明一切有关资料，然后为客人编排房间。

（2）出售客房。包括对客人介绍酒店设备、接受预订，争取提高酒店入住率。

（3）提供咨询。解答客人的问题，提供酒店其他设备及服务。

（4）沟通协调。主动接触客人，了解客人对酒店的意见，从而获得改进建议。

（5）处理投诉。总台经常是客人投诉的对象，若能有效处理投诉，可减少客人的不满。

（6）房务记录。除了接触客人并为之服务外，也要处理及制定一些文件、报告、营业状况和住客记录，以便管理层明了营业情况。

三、前台接待服务标准

（1）上岗前按规定着装，服装挺括、整洁、皮鞋光亮；左胸前佩戴胸牌；头发修剪整齐，男员工头发不过衣领，不留胡须，女员工头发不得过肩。

（2）在岗时，站立服务，站姿端正，保持自然亲切的微笑，任何时间不得随意离岗。

（3）礼貌周到，待客和气，见到客人主动打招呼，对客人用敬语，语言规范、清晰。如遇繁忙，请客人稍等。

（4）热情接待客人，用相应语言接待中外客人，提供周到、细致的服务。

（5）态度和蔼、亲切，切勿谢绝客人，应使客人感到亲切、愉快。

（6）服务快捷、准确，为客人办理入住登记手续不得超过3分钟。

（7）准确、及时地将客人抵、离时间和各种活动安排通知有关部门，保证衔接无差错。

（8）大堂总台各种工作用品完好、有效、整齐、清洁、有序，四周环境整洁，盆景鲜艳、美观。

（9）管理人员坚持在服务现场督导，每天做好岗位考察记录。

（10）做好交接班记录，交接工作清楚、准确、及时、无差错。

四、前台接待人员岗位职责

（一）接待处主管

1. 管理层级关系

（1）直接上级：前厅部经理。

（2）直接下级：接待处领班。

2. 岗位职责

按照本部门各项业务指标要求，全面负责房务安排、总台问询、入住接待和结账、留言等有关服务工作。协助前厅部经理检查和控制总台的工作程序，保证下属各班组之间与酒店其他部门之间的衔接和协调，督导员工为客人提供优质高效的服务。

3. 工作任务

（1）向前厅部经理负责，对接待处进行有效的管理。

（2）协助制定接待处的岗位责任制、操作规程和其他各项规章制度，并监督执行。

（3）协调前厅服务及工作程序，负责总台班次的调整及安排。

（4）审核当日、次日的房间状况和房务安排，准确掌握房态。

（5）督导下属员工及时准确地把客人资料入电脑，核对客史档案，完成补充、存档等项工作。

（6）VIP 客人抵、离动态，亲自参与 VIP 客人等重要客户的排房和接待工作。

（7）调整并处理客人的投诉和特殊要求。

（8）对总台电脑、传真机、复印机等专用设备安排维护保养，确保设备正常运转。

（9）及时申领、添加前台各种办公用品、宣传品等。

（10）检查下属员工仪容仪表及出勤、纪律等情况。检查并督导下属保持管辖区域内卫生清洁。

（11）按计划实施对下属的岗位技能培训，强化员工的销售意识，不断提高员工的业务水平和素质。

（12）按部门要求对下属出勤及工作表现进行考核评估。

（13）做好下属的思想工作，帮助有困难的员工解决实际困难，充分调动员工的工作积极性。

（14）做好接待处的安全防范工作。

（二）接待处领班

1. 管理层级关系

（1）直接上级：接待处主管。

（2）直接下级：接待员。

2. 岗位职责

协助主管做好接待处的管理工作，确保接待服务质量，并承担责任。

3. 工作任务

（1）检查、打印营业报表，并督促分送酒店领导和有关部门。

（2）认真核对客房状况，及时准确地掌握房态。

（3）检查下属出勤、仪容仪表及服务质量。

（4）与预订、行李及客房服务中心保持业务联系，协调合作。

（5）为团队和VIP客人办理入住手续，并将信息及时通知有关部门，共同做好接待工作。

（6）对客人的特殊要求，立即安排或及时汇报。

（7）发生意外事件时，应立即向大堂经理和总台主管汇报。

（8）按规定录入和统计境外客人户籍资料。

（9）检查并确保总台各种用品、宣传品齐全，电脑、复印机等设备正常使用。

（10）督导接待员按照规定认真做好客人入住登记工作。

（11）认真细致地做好领班的交接班，并检查督促各岗位做好交接班工作。

（三）接待员

1. 管理层级关系

（1）直接上级：接待处领班。

（2）直接下级：无。

2. 岗位职责

为客人办理入住登记及离店结账手续，主动、热情地为客人提供优质的接待、问询等服务。

3. 工作任务

（1）为客人办理入住登记手续，安排房间，尽可能满足客人的特殊要求。

（2）做好VIP客人入住的各项准备工作。

（3）为客人办理换房、加床、续住等手续。

（4）负责发放客房钥匙。

（5）负责将有关客人抵、离店情况的资料进行整理、归档。

（6）适时补充接待工作必备的表格和文具用品。

（7）填写、录入并统计入住散客及团队客人登记单。

（8）按查控要求，发现可疑情况立即采取措施。

（9）保持总台清洁整齐，检查所需的表格、文具和宣传品是否齐全。

（10）认真核对所掌握客人的生日资料，并做好礼品单的派送工作。

（11）探查房态和客房出租情况，制定客房出租报表。

（12）认真核对上一个班次输入电脑的客人资料，及时、准确地输入当班的客人资料。

五、总台接待标准与工作程序

（一）散客入住登记标准与工作程序

1. 入住登记标准

总台办理每位客人的入住手续不应超过3分钟，主动复述客人的入住要求，站立端正、不倚不靠，登记项目齐全，并落实付款方式，及时将客人进店信息通知相关各部门。凡无信用担保，以及预订时没有预付的客人，均应在入住时收取预付金，预付额按住店期间全部房费的200%计算，请前台结账处开出定金发票交予客人，注意信用卡必须是酒店规定可接受的信用卡，且其有效期未到，卡上姓名与签字必须与持卡人相符。向客人说明房卡的用途，客人如果是旅行社散客或公司邀请的免费客人，房卡上不注明房价，以免客人发生疑问，向客人说明钥匙卡的使用方法。

2. 散客入住登记程序

（1）登记前的准备工作。熟悉当日进店客人预订单，查看有无VIP客人，并查阅客人有无特殊要求（订票、订车、留言、传真、转交物品等），检查落实情况。

（2）登记时的服务工作。客人进店时，应用礼貌用语主动问候客人，并询问有无预订。如果客人有预订，应迅速了解客人的姓名，并与电脑核对，向客人确认房间种类、价格、数量、人数等有无变化，检查有无特殊要求。如果客人无预订，确认客人人数、用房类别、用房和住店天数，灵活地进行促销，既要充分满足客人的要求，又要为酒店多推销高价房。

（3）登记时的验证工作。根据公安部的有关规定，凡满14周岁的人员在酒店居留必须进行验证登记，登记单必须逐项填写，不能遗漏，接待员要认真履行验证手续。外籍宾客要验明护照号码、姓名、国籍、签证的种类、签证有效期以及查验证件与持证人的一致性。台湾同胞须持中国政府签发的台胞证、旅行证或出入境通行证。凡中国台湾签发的证件，不能作为入住登记凭证。港澳同胞登记时，须持中国政府签发的港澳同胞回乡证。内宾登记时，只有居民身份证或县级以上公安机关开具的证明有效，其他证件不能作为住宿登记凭证。

（4）付款方式的确认。①现金支付：在登记单上注明现金支付，同时收取相应的预付金，转前台结账。②信用卡支付：请客人在登记单上注明信用卡种类，客人只能使用酒店规定接受的信用卡，同时压卡，并连同登记单一并转前台结账。③代付：如果由另一方客人代付的情况，则要求在承诺付款书上注明代付项目，由代付人签署认可，登记单合订，同时采取相应的财务预付方式登记。④转账方式：在登记单上注明转账单位及转账项目。

（5）客人登记时的其他工作。根据登记表上客人姓名及客人信息准确填写房卡。内容包括：姓名、房号、房价、失效期、经办人签名，同时请客人在房卡上签名，将钥匙卡装入房卡袋中，呈交客人。告诉客人房间所在楼层位置，将客人的姓名、房号通知行李员，并护送客人及行李去客房，向客人示意电梯位置，并预祝客人住店愉快。

（6）登记后的收尾工作。收尾要点：为客人办理登记入住时，必须看清楚客人的全名，必要时可礼貌地询问客人。

（二）散客退房离店工作程序与标准

1. 退房标准

总台应在2分钟内将客人离店的信息通知相关各部门。电话通知需声音清晰、语言规范，并自报姓名。退房后客人的资料必须及时归档。

2. 退房工作程序

总台接到财务送来的登记表和房卡、钥匙卡后，要仔细查看是否都相符，而后，立即通知客房中心。将登记表整齐放入离店客人资料夹内。每日13:00和18:30分别由早、中班领班将离店登记单订在一起，以便夜班统计当日双倍出租的房间数。VIP级会员的登记单须及时放入后台VIP客人资料柜。

（三）团队入住登记接待标准与工作程序

1. 接待标准

遇有特殊团队，前台主管要将具体接待要求写在白板上，使全体前台人员知晓。团队用房除非有特殊要求或特别指定，原则上应相对集中地分配于低楼层房间。团队抵店前，做好信息确认和更改工作；团队抵达当日做好一切准备工作；团队抵店时，要有专人负责接待。

2. 工作程序

（1）团队进店前的准备工作。前台主管负责接收团队接待通知单，确认资料是否齐全。资料信息包括：团队名称、旅行社名称、国籍、团队人数、抵离日期、用房种类及数量、房价、陪同间、订餐种类、付款方式、特殊要求等。遇资料不齐或不详时，应及时与销售部团队联络员联系，补全资料。夜班根据通知单上的用房要求，及时给当日抵店团队预排房间。预分房间完成后，复核已排出团队用房的房号，并据此制作团队用房分类表，发往客房中心、大厅、总机。根据团队用房分类表，打印团队欢迎信封，制作钥匙卡，填写房卡，然后将房卡、钥匙卡放入信封，最后把准备好的团队资料放在前台指定位置。

（2）团队进店时的接待工作。团队客人到达后，接待员同销售部团队联络员将客人引至指定接待地点，向团队客人问候欢迎，请他们稍作休息；请领队或陪同确认团队的信息有无差异，并磋商房间分配事宜，将用房分配表交给领队，指示其所分房间位置；检查早餐或其他餐饮安排、地点、行程时间，出行李时间是否均已填妥；最后，让领队或陪同在确认书上签字。

（3）团队进店时的验证工作。请团队成员填写登记单，对于有些持有我国驻外外交机构签发的集体签证的团队，可向领队要签证的复印件，免填登记单；检查登记单的填写情况或团队的集体签证，要求团员在签证中本人姓名栏目签字；与领队复核团队人数及分房情况，确认无误后，将钥匙交领队分发。

（4）团队进店时的更改工作。在团队接待中遇增房或减房，以及其他临时特殊要求时，应由销售部团队联络员与领队或陪同直接协商解决，然后将团队联络员签署的更改单交前台立即落实，并在电脑中予以变更。

（5）团队进店的收尾工作。前台接待将已确认的分房表速转行李部，由行李员按分配表分送团队行李并引导客人进房；将团队资料录入电脑，复查无误后，打印相关部分，送有关部门。

（四）会议入住登记标准与工作程序

1. 入住登记标准

会议客人抵店前，做好一切信息更改和确认工作。会议客人抵达当日，做好一切准备工作。提前一周左右，为重要会议或人数较多的大型国际会议控制房间。

2. 工作程序

（1）会议用房准备接待。总台主管将销售部发来的会议安排接待通知单按日期分别放入会议资料夹内。夜班在给次日即将到店的会议客人安排房间前，应仔细阅读会议通知单上的有关内容，了解是否对用房有特殊要求，会议客人接待的标准、时间、地点，以及会议用房中有无重点客人，以便给予相应的安排。

根据通知上注明的用房要求，在电脑中进行排房，制作会议客人用房分配表，分送客房中心、收款、礼宾部、总机；订制钥匙信封，制作钥匙卡，填好房卡，并将会务组用房在信封上注明；将钥匙卡、房卡、登记单放入钥匙信封，并按抵店先后的时间放在前台指定的位置。

注意事项：了解会议日程，提供准确的问讯服务；会议客人在店期间，做好与会务组的信息沟通，及时了解客人需求。

（2）会议用房进店阶段。会议客人进店时，应首先同会务组取得联系，把会议分房表交给会务组，确认用房数、人数有无变更，并通知会务组将每天会议用房的变更情况及时反馈给前台，提供一份有房号的会议客人用房名单。根据实际情况，决定是否由会务组办理客人的入住手续，同时通知客房中心该会议客人进店。如果是人数较多的大型会议，应事先在大厅某个适当的位置排好桌子，并在桌子旁树立醒目的告示牌。如果房租由接待单位总付，则所有会议用房的房租均转到总账上；如果房租由会议客人自己承担，则将此信息及时通知收款员，以便为会议客人结账。

（五）VIP 申报及接待

1. 入住登记标准

（1）尽量不用姓名称呼贵宾，注意为贵宾保密。

（2）抵店前做好一切准备工作。

（3）抵店后以最快的速度通知各点。

2. 工作程序

（1）申报阶段。①接受预订或办理入住登记手续，若发现身份或知名度高的客人，应及时向前厅部经理汇报。②前厅部经理根据具体情况，逐项填写贵宾申报单。

（2）审批阶段。将贵宾申报单呈送总经理审批。

（3）处理阶段。总经理签批后，及时开出贵宾接待通知单送给有关部门。

（4）接待阶段。①夜班根据 VIP 通知单上的内容事先准备好客人登记资料。②早班领班再次检查 VIP 客人登记资料的准备情况，核对无误后，将登记资料交酒店陪同人员或大堂经理。③客人抵店时，应将贵宾进店的信息及时通知酒店有关领导，并通知总机、客房中心，请 VIP 客人进店，并请客人办理入住登记。④在电脑中先做简单的登记，待登记单送达后，再做完善。⑤检查登记单是否完全正确，若无误则放进进店客人资料夹内。将 VIP 客人的登记单在其离店后及时归入后台的 VIP 档案柜。

要注意的是 VIP 申报时要按酒店规定的贵宾客源群进行申报。在接待客人时，注意了解客人的身份。贵宾客源群包括以下几类人群：由国家和政府邀请来的包括部长级以上直至政府总理和国家元首等贵宾；与酒店有密切关系的单位和个人，如国外大企业公司的董事长和总经理，旅行社、航空公司、酒店等旅游业同行的高级管理人员；国内外新闻机构的专业人员；预订总统套房的客人。

（六）超额预订的处理

有预订的客人抵店，但酒店却没有房间，接待员应耐心地做好解释工作，立即给这位客人安排在当地的住宿条件相当的酒店里，往返于本店的交通费必须由本店承担。本酒店必须负责承担由于房间价格不同而高出的差价部分，若客人已付食宿费，酒店则必须负责在那家酒店的等额食宿费用。开房员必须记下客人的姓名、下榻的酒店以及是否次日返回本店的信息，并将安排情况及时汇报值班经理，做详细交班。在48小时内，一封以总经理署名的道歉信，必须送到客人手中。

（七）钥匙卡的管理

钥匙卡管理程序：按照登记客人数发放钥匙卡；与结账处保持联系，在客人结账时尽量收回钥匙卡，若有客人想留作纪念可换张空白卡，若客人来总台报钥匙卡遗失，应先核对客人身份，确定无误后，为客人制作新卡，并让客人回房间检查有无物品遗失。一般一间客房最多只能发放3张钥匙卡，若有长包房客人执意要多加钥匙卡，经过主管同意，须有书面签字，方可办理。长包房客人的钥匙卡时效为一月，每月更换一次。

注意事项：严格按照规定制作和发放钥匙卡，尽量在客人离店时将钥匙卡回收。

（八）预排房程序

（1）熟悉客情。当日一般散客预订不在电脑中做预排房，以便开房员能充分利用空房安排给进店较早的客人；并根据客房的价格、特点、状况、预订房间情况、预计离店客人的情况，对当日团队、会议、VIP会员及有特殊要求的客人排房。

（2）排房。尽量将团队客人安排在同一楼层，并且套团；尽量将抵离日期大致相同的客人安排在一起；尽量将零散客人安排在安静的区域，并与团队客人分开；不将敌对国家的客人安排在同一楼层；不将吸烟的客人安排在无烟房。排房的顺序是：重要客人、会员、有特殊要求的客人、团队会议客人、预订客人、散客。

（九）预付款

1. 收款标准

预付款收取额为：住宿三天的收取三天房费，住宿三天以上的收取（住宿天数+2）×房费。用现金支付费用的港澳台地区客人，需按居住天数收取预付款作为保证消费的基本金额（其他国家和地区的客人视情况而定），预付款收取额：住宿三天以内的收取双倍房费，住宿三天以上的收取（住宿天数+2）×房费。收款时，唱收唱付。对贵宾、同行、公关客人、回头客、信用卡支付费用的客人不收取预付款。

2. 收款程序

（1）收取预付款。

（2）填写预付单。逐项填写预付单，一式三联，请客人签字，将第一联交给客人。

（3）处理预付单。将收取的预付款与预付单的第二联交给收款组。

（十）客人续住

1. 客人续住标准

应尽量满足客人的续住要求，视客人身份决定是否收取订金。

2. 续住程序

（1）查看客房状况。查看客房状况表，根据客房的实际情况确定能否让客人续住。如果情况允许，则请客人到总台办理手续。对有信用保证的客人，如用信用卡、支票结算的客人、常客、公关客人以及与酒店有协议的公司介绍的客人等，只需更换新的房卡，重新填写新的离店日期即可。

（2）办理续住。如果客人现用的房间已安排给将抵店的客人，并已做了房号的确认，则请续住的客人换房；或者在不影响客人利益的情况下可将为预订客人预留的房号调换而不要求续住客人搬迁。支付预付款的续住客人，除更换房卡外，还需根据续住天数重新支付预付款。

（十一）推迟退房

1. 推迟退房的标准

总台人员要向客人解释酒店的房价政策。在客房不紧张的情况下，总台人员有权同意客人延迟1小时离店。

2. 推迟退房的程序

（1）查看客房状况。查询客房分配情况，确认客人是否推迟离店。向客人说明推迟离店计算房费的时间界限：12：00以后退房收半天房费，18：00以后退房收全天房费。

（2）办理推迟退房。如果客人要求续住，在客房状况允许的情况下，礼貌地请以现金结算的客人再次预付费用，接待员要更改钥匙卡的离店时间，并将推迟离店的信息及时通知结账处。若客人要求延迟1小时以上离店，接待员可礼貌地请客人与大堂经理联系。

（十二）房号、房价的变更

（1）了解情况。如果是客人要求换房，应问明原因，尽量满足客人的要求。

（2）实地参观。根据客人的要求，准备一房间，如有必要可带客人实地参观一下，客人满意后，再做搬动。

（3）诚恳道歉。如果是酒店的原因要让客人搬动，总台服务员应耐心地向客人道歉并解释原因。

（4）变更处理。填写客房、房价通知单，送有关部门。换房的客人应凭原房卡到总台换新房卡。

（5）收回原房卡。招呼行李员协助客人搬迁，并负责将原房间的钥匙取回。此时，客房状况应做相应的变动（房号更改）；客人的账务应做及时的处理；及时通知总机、楼层、洗衣房（房号更改）。

注意事项：先了解原因后退房；价格变动如果超过权限范围，应请示上级；作相应信息调整，并及时通知有关部门。

（十三）房况的核对程序

（1）检查核对。早、中班领班应至少每天两次检查客房差异情况。

（2）确定情况。若房间属"Skipper"（故意逃账者），即客房反映为空房，而前台反映为住客或"Sleep out"（即客人虽已进店，但未使用客房），应核实客人的付款方式、接待单位（是否为免费客人，是否单位代付等），并与收款组取得联系。

（3）找出差异。找出差异原因后，应立即将实际情况通知客房中心。

（4）在接到大堂通知该客人确属逃账后，应先请收款处将登记单第二联退回做结账处理。

（5）做出处理。将逃账客人的登记单归入黑名单内，并在电脑客史备注栏中打上 Skipper（故意逃账者）。

注意事项：认真检查钥匙卡和电脑状况是否相符。做好与结账处、客房中心的信息沟通。

（十四）户口管理程序

1. 散客

（1）检查前一天进店的散客登记单，看是否有错漏之处。通过查电脑或问在店客人的方式进行改错填漏，把所需的各项填全，尽量做到正确无误。

（2）依次整理内外宾（根据国籍次序），为作客源地理分布表积累资料。

（3）在电脑中逐个输入、核对所输入的登记单。

（4）把所输入的登记单传到公安局和外管处，然后关机。

2. 团队

（1）如果是人数较多的外宾团，则检查其集体签证。若无集体签证，则按散客要求填写入住登记单，再作处理。

（2）依团队次序进行整理。

（3）为做客源地理分布表积累资料。

（4）在电脑中逐个输入、核对所输入的登记单。

（5）把所输入的登记单传到公安局和外管处，然后关机。

3. 注意事项

（1）严格把好最后一道验证关，发现差错及时纠正。

（2）户管员依照法规必须在境外人员抵店 24 小时内向公安局及时传输申报户口登记的资料。

（3）将资料信息准确录入电脑。对无法辨认的字符、文字、代号作不录入处理并挑出进行手工管理，应认真处理，做到不猜、不编。

（4）户管员对每日传输的数字，必须做好记录，对发现的问题，应及时向公安局汇报。

（5）对已录入的登记单，应妥善保管，不能遗失。

六、接待常见问题及对策

入住登记是总台接待工作中一项操作性强又十分细致的工作。接待员在实际工作中可能遇到各种各样的问题，需要协调解决。

（一）重复开房

通常重复开房有以下几种情况：①开房后未锁房，未入机，之后又将此房开给另一位客人。②预订出去的房间开给另一个客人，未在电脑上做更改，之后又开给预订客人。③两台电脑同时开房。④入电脑时入错房号，将未开出去的房间入机，而开出去的房间未入机，之后将此房开给其他客人。⑤换房后电脑未做更改，未开转房单。

（二）客人暂时不能进房

在接到客房部对客房已检查完毕的通知前，接待员不能把客房安排给抵店的客人，因为客人对客房的第一印象是十分重要的。接待员可为客人提供寄存行李服务，或请客人去茶座、酒吧等候，向他们提供免费的饮料，同时与客房部联系，派人加紧打扫。当客房打扫、检查完毕后，才引领客人进房。

（三）酒店提供的客房类型、价格与客人要求的不符

接待员在接待订房客人时，应复述其订房要求，以获得客人的确认，避免误解。房卡上填写的房价应与登记表上的一致，并且要向客人口头报价。如果出现无法向订房客人提供所预订客房的情况，则应向客人提供一间价格高于原客房的房间，按原先商定的价格出售，并向客人说明情况，请客人谅解。

（四）客人等候时间过久，产生抱怨

事实上客人办理入住登记手续并不是一成不变的。在客人抵店的繁忙时刻，会有许多客人急切地等候办理入住登记手续，在办理过程中，他们会提出很多问题和要求，大厅内有可能会出现忙乱的现象，接待员必须保持镇静，避免慌乱。因此，在客人抵店前，接待员应熟悉订房资料，做好各项准备工作，根据

客情，合理安排人力，客流高峰到来时，保证有足够人手。在繁忙时刻到来前，用指示栏把前台分为两部分，一部分专门接待订房客人，另一部分则接待未经预订、直接抵店的客人。总之，要保持镇静，做好正确、整洁的记录。

（五）预订失约的处理

对于未办理保证类预订的客人，由于航班延误、交通、身体患病等客观因素或无法抗拒的原因而延迟入住时，接待员应根据房态情况，热情地接待客人，而不能以"预订已被取消""现在无房"等言语简单、生硬地回绝。由于酒店原因未能满足已办理预订客人的要求时，接待员应首先向客人致歉，并安排客人在大堂或咖啡厅休息，再采取积极措施，或由大堂副理亲自进行妥善处理。

实训一 交接班记录簿的使用

一、操作流程

操作流程：阅读交接班记录簿→确认→放入指定位置→跟进→记录。

二、操作要求

交接班记录簿的使用操作要求见表6-1。

表6-1 交接班记录簿的使用操作要求

操作任务	交接班记录簿的使用
操作时间	实训授课0.5学时，共计20分钟。其中，示范讲解5分钟，学生操作10分钟，考核测试5分钟
操作要求	(1) 仪容、仪表、仪态符合职业要求。 (2) 熟练掌握接待员基本业务知识
操作用品	(1) 总服务台。 (2) 交接班记录簿

续表

操作方法	(1) 示范讲解。 (2) 学生两人一组,交互练习。 (3) 教师点评并考核
操作步骤与 操作标准	(1) 实训前 ①准备实训用具,着装整齐,以达到仿真状态。 ②仪表仪态及礼貌用语练习。 ③交接事项与场景学生自行提前设计。 (2) 实训开始 ①上班后第一件事:阅读交接班记录簿。 ②阅读完交接班记录簿后,在下方签名。 ③统一将交接班记录簿放在指定位置。 ④使所有需要跟进的事宜都落实,例如:注意外汇兑换或客人投诉等。在完成跟进后,注明已完成,写下所做的工作。 ⑤在交接班记录簿上做好记录。所有需要下一班员工知晓的事情都应被记录。 (3) 实训结束

三、考核标准

交接班记录簿的使用操作考核标准见表6-2。

表6-2 交接班记录簿的使用操作考核标准

考核内容	考核标准	满分	实际得分
仪容、仪表、仪态	符合职业要求	2	
语言	礼貌、得体,体现专业素养	3	
操作程序	完整、无遗漏和反复	15	
总分		20	

单元六 前台接待服务

房间分配

实训二 房间分配

一、操作流程

操作流程：预留 VIP 房间→预留团体房间→为早到的客人预留房间→为未知抵达时间的客人预留房间→为其他已知抵达时间的客人预留房间→预留尚未退房的房间→为年老的客人或残疾客人预留房间→为单身的女宾客预留房间→为有特殊要求的客人预留房间。

二、操作要求

房间分配操作要求见表 6-3。

表 6-3 房间分配操作要求

操作任务	房间分配
操作时间	实训授课 1 学时，共计 40 分钟。其中，示范讲解 10 分钟，学生操作 25 分钟，考核测试 5 分钟
操作要求	（1）仪容、仪表、仪态符合职业要求。 （2）熟练掌握接待员基本业务知识。 （3）业务处理熟练无误，表单填写正确，电脑输入无误。 （4）应变协调能力强，有促销意识
操作用品	（1）总服务台。 （2）各类客人预订单若干、笔。 （3）装有酒店管理软件的电脑、打印机一套/组
操作方法	（1）示范讲解。 （2）学生两人一组，交互练习。 （3）教师点评并考核

111

续表

操作步骤与 操作标准	（1）实训前 ①准备实训用具，着装整齐，以达到仿真状态。 ②学生自行提前设计各类客人预订单若干。 （2）实训开始 ①为 VIP 提前一天预留房间，在电脑系统中预留房间，确保预留最好的房间。通知有关部门提供所需的各种欢迎品，如鲜花、果篮等。在电脑系统中做好标记，以提请员工注意。 ②为团体客人提前一天预留房间。仔细阅读团体资料，并根据具体要求安排团体房间，尽可能安排在同一层或相近楼层。 ③为早到的客人预留房间，尽可能提早一天预留干净空房。如预留的空房未清洁，立即通知客房部，以使其在客人到达的预计时间内做好准备。 ④为未知抵达时间的客人预留房间。在当日预留干净的空房。 ⑤为其他已知抵达时间的客人预留房间。如果没有干净的空房，则预留未清洁的空房，并立即通知客房部，以使其在客人到达的预计时间内做好准备，此时务必谨慎处理。预留未清洁房间时，要记载客人到达的预计时间。通知客房部关于每一间已预留的房间和客人抵达的预计时间。 ⑥预留尚未提房的房间。只有在别无选择时才如此操作，用于特别推迟抵达的客人，给予客房部充足的时间以打扫房间，充分考虑到他们完成工作的时间。 ⑦为年老的客人或残疾客人预留房间时，预留房间应安排在低楼层，靠近电梯和紧急安全出口。为残疾客人优先预留残疾房。 ⑧为单身的女宾客预留房间，除特殊要求外，应预留无连通门的房间。 ⑨为有特殊要求的客人预留房间，尽量满足客人的要求。 （3）实训结束

三、考核标准

房间分配操作考核标准见表6-4。

表6-4　房间分配操作考核标准

考核内容	考核标准	满分	实际得分
仪容、仪表、仪态	符合职业要求	2	
语言	礼貌、得体，体现专业素养	8	
操作程序	完整、无遗漏和反复	10	
总分		20	

实训三　为抵店客人做准备

一、操作流程

操作流程：打印报表和登记卡→准备欢迎卡→准备钥匙→将给客人的留言或传真附在登记卡后→放置。

二、操作要求

为抵店客人做准备操作要求见表6-5。

表6-5　为抵店客人做准备操作要求

操作任务	为抵店客人做准备
操作时间	实训授课1学时，共计40分钟。其中，示范讲解10分钟，学生操作25分钟，考核测试5分钟

续表

操作要求	（1）仪容、仪表、仪态符合职业要求。 （2）熟练掌握接待员基本业务知识。 （3）业务处理熟练无误，表单填写正确，电脑输入无误。 （4）应变协调能力强，有促销意识
操作用品	（1）总服务台。 （2）各类客人预订单若干、笔。 （3）装有酒店管理软件的电脑、打印机一套/组
操作方法	（1）示范讲解。 （2）学生两人一组，交互练习。 （3）教师点评并考核
操作步骤与操作标准	（1）实训前 ①准备实训用具，着装整齐，以达到仿真状态。 ②仪表仪态及礼貌用语练习。 ③学生自行提前在电脑系统中做好若干预订单。 （2）实训开始 ①夜审前，将次日的预抵报表和来宾登记卡打印出来。 ②将所有相关信息干净而整齐地打印在欢迎卡上，确保欢迎卡内的插页整齐有序。 ③为 VIP 提前准备好钥匙。 ④只有在入住时需要给客人的物品（如客人的留言或传真）才可附在登记卡后。 ⑤根据字母顺序将登记卡和欢迎卡放在预抵登记卡盒中。 （3）实训结束

三、考核标准

为抵店客人做准备操作考核标准见表 6-6。

表 6-6 为抵店客人做准备操作考核标准

考核内容	考核标准	满分	实际得分
仪容、仪表、仪态	符合职业要求	2	
语言	礼貌、得体，体现专业素养	8	
操作程序	完整、无遗漏和反复	10	
总分		20	

实训四　无预订的散客入住

无预订的散客入住

一、操作流程

操作流程：问候客人→确认客人有无预订→了解客人的需求，推荐合适的客房→确认房类和房价→收取证件和名片登记→填写（打印）登记卡→完成填写登记卡→证实付款方式→立即在电脑中办理入住→重复确认预订的细节并向客人介绍酒店设施设备→给客人欢迎卡和钥匙→询问客人是否需要其他帮助→完成登记。

二、操作要求

无预订的散客入住操作要求见表 6-7。

表 6-7 无预订的散客入住操作要求

操作任务	无预订的散客入住
操作时间	实训授课 1 学时，共计 40 分钟。其中，示范讲解 10 分钟，学生操作 25 分钟，考核测试 5 分钟

续表

操作要求	（1）仪容、仪表、仪态符合职业要求。 （2）熟练掌握接待员基本业务知识。 （3）服务用语礼貌，语音、语调轻柔适度，发音清楚，说话流利。 （4）业务处理熟练无误，表单填写正确，电脑输入无误。 （5）应变协调能力强，有促销意识
操作用品	（1）总服务台。 （2）有效证件（身份证）、适量现金、验钞机、登记单、押金单、欢迎卡、房间钥匙、笔。 （3）装有酒店管理软件的电脑、打印机一套/组
操作方法	（1）示范讲解。 （2）学生两人一组，交互练习。 （3）教师点评并考核
操作步骤与操作标准	（1）实训前 ①准备实训用具，着装整齐，以达到仿真状态。 ②仪表、仪态及礼貌用语练习。 ③对话内容与场景由学生自行提前设计。 （2）实训开始 ①在客人走近前台时，微笑问候客人："您好，欢迎光临××酒店，我可以帮助您吗，先生（女士）？" ②立即在电脑中寻找到预订，如果无法找到则依据客史资料做预订。 ③根据客人特点，了解客人需要，采用适当报价方式，推销合适的客房。 ④示意客人看登记卡确认房间种类、价格；顺水推舟，通过谈话与客人建立良好的关系，例如"××先生，您的旅行还顺利吗？这是您第一次来××吗？" ⑤礼貌地收取客人的证件和名片登记，用双手接客人的证件和名片。 ⑥清楚、整齐、准确、有效地填写登记卡，并请客人在登记卡上签字，可以说"请在此签字"，并用双手给客人提供笔。 ⑦询问客人怎样结账，可以说："××先生（女士），请问您的付账方式？" ⑧立即在电脑中办理入住。

续表

操作步骤与操作标准	⑨与客人核查房间的类型、居住时间、离店时间和房价，并根据情况向客人介绍早餐服务、健康中心服务和酒店其他设施和服务。 ⑩双手递给客人欢迎卡。 ⑪询问客人是否办理其他业务，可以说："××先生（女士），您还需要其他帮助吗？" ⑫示意电梯位置，并说："希望您在此居住愉快"。 ⑬信息录入。 （3）实训结束

三、考核标准

无预订的散客入住操作考核标准见表6-8。

表6-8 无预订的散客入住操作考核标准

考核内容	考核标准	满分	实际得分
仪容、仪表、仪态	符合职业要求	1	
语言	礼貌、得体，体现专业素养	4	
电脑操作	信息录入完整、准确	5	
操作程序	完整、无遗漏和反复	7	
操作时间	5分钟以内（超时不得分）	3	
总分		20	

实训五 有预订的散客入住

有预订的散客入住

一、操作流程

操作流程：等候客人→目视客人并面带微笑获得客人的姓名→在电脑中查找预订→确认房间种类→告知客人办理登记卡→立即在电脑中办理入住→请客

人出示证件→填写登记卡→填写（打印）登记卡实付款方式→重复确认预订的细节并向客人介绍酒店设施设备→完成填写登记卡→给客人欢迎卡和钥匙→询问客人是否需要其他帮助→完成登记。

二、操作要求

有预订的散客入住操作要求见表6-9。

表6-9 有预订的散客入住操作要求

操作任务	有预订的散客入住
操作时间	实训授课1学时，共计40分钟。其中，示范讲解10分钟，学生操作25分钟，考核测试5分钟
操作要求	（1）仪容、仪表、仪态符合职业要求。 （2）熟练掌握接待员基本业务知识。 （3）服务用语礼貌，语音、语调轻柔适度，发音清楚，说话流利。 （4）业务处理熟练无误，表单填写正确，电脑输入无误。 （5）应变协调能力强，有促销意识
操作用品	（1）总服务台。 （2）有效证件（身份证）、适量现金、验钞机、登记单、押金单、欢迎卡、房间钥匙、笔。 （3）装有酒店管理软件的电脑、打印机一套/组
操作方法	（1）示范讲解。 （2）学生两人一组，交互练习。 （3）教师点评并考核
操作步骤与操作标准	（1）实训前 ①准备实训用具，着装整齐，以达到仿真状态。 ②仪表、仪态及礼貌用语练习。 ③对话内容与场景由学生自行提前设计。 ④准备好登记单、房卡与钥匙。 （2）实训开始 ①在客人走近前台时，微笑问候客人："您好，欢迎光临××酒店，我可以帮助您吗，先生（女士）？"

续表

操作步骤与 操作标准	②如果客人有预订，礼貌询问客人的姓名，"先生（女士），我可以知道您的姓名吗？" ③立即在电脑中找到预订，如果无法找到，可以用其他途径，如用客人公司或旅行社的名称在电脑中查寻，并说："××先生（女士），我可以知道您的公司名称或您用来订房的公司名称吗？" 注意事项：决不要说"没有您的预订"，如果无法在电脑系统中找到预订，可用客人公司合同价格，根据客人的喜好马上安排房间。 ④如果是贵宾，安排宾客关系主任接待客人，并告之："××先生（女士），请稍候，我们的客户关系主任会带您去房间办理入住登记。"如果客户关系主任正在接待客人，须按照接待贵宾的标准服务客人。 ⑤根据预订确认房间种类和房价，可以说："先生（女士），您订的是一张大床的房间，是入住两晚吗？" ⑥为宾客取登记卡，说："请稍等，我去取为您准备的登记卡。" ⑦如客人要求无烟楼层，应在系统中予以安排，并在客人喜好中注明，以便客人下次光临时满足其要求；若是常客，无需每次都确认各项；尽可能在入住时索取客人名片，除非电脑中资料很全。 ⑧立即在电脑中办理入住。 ⑨对客人说："先生（女士），我可以用一下您的护照和名片吗，谢谢！"，双手接过客人出示的证件和名片。 ⑩清楚、整齐、准确和有效地填写登记卡。 ⑪询问客人怎样结账，可以说："××先生，请问您的付账方式？" ⑫与客人核查房间的类型、居住时间、离店时间和房价，并根据情况向客人介绍早餐服务、健康中心服务和酒店其他设施和服务。 ⑬请客人在登记卡上签字，说："请在此签字！"并用双手给客人提供笔。 ⑭双手递给客人欢迎卡、钥匙。 ⑮询问客人是否需要其他服务，可以说："××先生，您还需要其他帮助吗？" ⑯示意电梯位置，并对宾客说："希望您在此居住愉快。" ⑰录入信息。 （3）实训结束

三、考核标准

有预订的散客入住操作考核标准见表6-10。

表6-10　有预订的散客入住操作考核标准

考核内容	考核标准	满分	实际得分
仪容、仪表、仪态	符合职业要求	1	
语言	礼貌、得体，体现专业素养	4	
电脑操作	信息录入完整、准确	5	
操作程序	完整、无遗漏和反复	7	
操作时间	3分钟以内（超时不得分）	3	
总分		20	

实训六　换　房

换房

一、操作流程

操作流程：接到调房要求→分配一个新房间→与客人确认换房时间→进行调房→落实→填写调房表格→更改电脑内和登记卡上的房间号。

二、操作要求

换房操作要求见表6-11。

表6-11　换房操作要求

操作任务	换房
操作时间	实训授课0.5学时，共计20分钟。其中，示范讲解5分钟，学生操作10分钟，考核测试5分钟

续表

操作要求	（1）仪容、仪表、仪态符合职业要求。 （2）熟练掌握接待员基本业务知识。 （3）服务用语礼貌，语音、语调轻柔适度，发音清楚，说话流利。 （4）业务处理熟练无误，表单填写正确，电脑输入无误。 （5）应变协调能力强，有促销意识
操作用品	（1）总服务台。 （2）换房单、登记单、欢迎卡、房间钥匙、笔。 （3）装有酒店管理软件的电脑、打印机一套/组
操作方法	（1）示范讲解。 （2）学生两人一组，交互练习。 （3）教师点评并考核
操作步骤与操作标准	（1）实训前 ①准备实训用具，着装整齐，以达到仿真状态。 ②仪表、仪态及礼貌用语练习。 ③对话内容与场景的学生自行提前设计。 （2）实训开始 ①从服务中心接到调房要求，确认调房的原因。 ②在电脑内寻找可选择的房间，确保新的房间达到客人的期望。 ③礼貌地与客人确认调房时间。 ④通知行李员带着新的房间钥匙给客人调房，随后将旧的房间钥匙还给前台。如果客人外出不在房间，要求我们换房，征得客人同意后，服务经理和礼宾部员工共同给客人进行换房。新的房间钥匙保存在前台等待客人领取。 ⑤调房后立即给客人打电话以检查客人的满意度。 ⑥填写表格上的所有项目：新旧房号、客人姓名、换房原因、前台员工姓名、相关部门员工姓名。 ⑦在登记卡上取消旧房号并写上新的房间号码。将新房号放入登记卡盒中。 （3）实训结束

三、考核标准

换房操作考核标准见表6-12。

表6-12 换房操作考核标准

考核内容	考核标准	满分	实际得分
仪容、仪表、仪态	符合职业要求	1	
语言	礼貌、得体，体现专业素养	4	
电脑操作	信息录入完整、准确	5	
操作程序	完整、无遗漏和反复	7	
操作时间	2分钟以内（超时不得分）	3	
总分		20	

实训七 团队入住

团队入住

一、操作流程

操作流程：收到团队资料→准备好团队欢迎信封和团队入住信息表格→确定团队办理入住的地点→房间安排→准备钥匙、欢迎卡→团队到达→分发房间钥匙→在电脑系统中登记入住团队→确认团队信息→确认付款方式→引导客人去电梯→更改团队信息→跟进。

二、操作要求

团队入住操作要求见表6-13。

表 6-13　团队入住操作要求

操作任务	团队入住
操作时间	实训授课 1 学时，共计 40 分钟。其中，示范讲解 10 分钟，学生操作 25 分钟，考核测试 5 分钟
操作要求	（1）仪容、仪表、仪态符合职业要求。 （2）熟练掌握接待员基本业务知识。 （3）服务用语礼貌，语音、语调轻柔适度，发音清楚，说话流利。 （4）业务处理熟练无误，表单填写正确，电脑输入无误。 （5）应变协调能力强，有促销意识
操作用品	（1）总服务台。 （2）有效证件（身份证）、团队登记卡、欢迎卡、房间钥匙、笔。 （3）装有酒店管理软件的电脑、打印机一套/组
操作方法	（1）示范讲解。 （2）学生两人一组，交互练习。 （3）教师点评并考核
操作步骤与操作标准	（1）实训前 ①准备实训用具，着装整齐，以达到仿真状态。 ②仪表、仪态及礼貌用语练习。 ③对话内容与场景由学生自行提前设计。 ④在电脑系统中做好团队预订。 ⑤准备好团队登记卡、欢迎卡与钥匙。 （2）实训开始 ①提前一天详细阅读团队资料，并根据具体要求安排团队房间，尽可能将其安排在同一楼层或相近楼层。如果没有足够的房间，可安排当天离店的团队房间，但时间间距至少为 3 小时，以保证客房部有足够时间打扫房间。 ②团队到达的前一天，前台夜班员工应该根据团队资料准备好团队欢迎信封和需要填写的团队信息表格。团队入住信息表格应该包括：团队名称，旅行社名称，到店离店日期、时间、房间数及人数，就餐地点和种类，付款方式等。 ③前台员工与销售部团队协调员确认其办理入住的地点。 ④检查房间安排，确认无当天退房的房间，并且按照团队对房间的要求安排房间。

续表

操作步骤与操作标准	⑤房间安排好后，在团队到达前做好钥匙。 ⑥在客人走近前台时，微笑问候客人，可以说："您好，欢迎光临××酒店，我可以帮您吗，××先生（女士）？" ⑦协助领队分发钥匙给客人，将最新的房号名单给礼宾部用来运送行李。 ⑧再次确认房号及总数，在系统中登记入住团队。 ⑨从领队处取得团队名单，确认团队信息。涉外团队要得到团体签证以便登记，如果没有团体签证，需逐个登记。 ⑩填写团队入住信息表，包括：每日叫早时间、下行李时间、每日早餐时间、离店时间等；介绍酒店相关设施。 ⑪在入住时，与旅行社陪同确认付款方式。如果结账方式是现付，客人登记入住后，向旅行社报备。 ⑫前台员工引导客人去电梯。 ⑬将所有客人信息输入系统，核查房费，并根据团队资料做相应的免费房。 ⑭将相关信息发送到相关部门，前台保存原件。 （3）实训结束

三、考核标准

团队入住操作考核标准见表6-14。

表6-14　团队入住操作考核标准

考核内容	考核标准	满分	实际得分
仪容、仪表、仪态	符合职业要求	1	
语言	礼貌、得体，体现专业素养	4	
电脑操作	信息录入完整、准确	5	
操作程序	完整、无遗漏和反复	7	
操作时间	15分钟以内（超时不得分）	3	
总分		20	

实训八　客人延住

客人延住

一、操作流程

操作流程：客人要求延住→确认延住天数→确认可用房间数→检查客人账目情况→核查客人的账单是否由公司或旅行社支付→延住。

二、操作要求

客人延住操作要求见表 6-15。

表 6-15　客人延住操作要求

操作任务	客人延住
操作时间	实训授课 0.5 学时，共计 20 分钟。其中，示范讲解 5 分钟，学生操作 10 分钟，考核测试 5 分钟
操作要求	（1）仪容、仪表、仪态符合职业要求。 （2）熟练掌握接待员基本业务知识。 （3）服务用语礼貌，语音、语调轻柔适度，发音清楚，说话流利。 （4）业务处理熟练无误，表单填写正确，电脑输入无误。 （5）应变协调能力强，有促销意识
操作用品	（1）总服务台。 （2）欢迎卡、房间钥匙、笔。 （3）装有酒店管理软件的电脑、打印机一套/组
操作方法	（1）示范讲解。 （2）学生两人一组，交互练习。 （3）教师点评并考核

续表

操作步骤与操作标准	（1）实训前 ①准备实训用具，着装整齐以达到仿真状态。 ②仪表、仪态及礼貌用语练习。 ③对话内容与场景由学生自行提前设计。 （2）实训中 ①确认客人姓名和房号。 ②确认延住天数。 ③在系统中确认随后几天的可用房间数，只有在满房的情况下，通知主管处理。 ④检查客人押金，如果押金不够，礼貌地要求客人补交足够现金。 ⑤如果是公司或旅行社付款，书面延住通知必须在离店前发送至酒店，否则，告知客人延住后的所有费用自付，并不享受公司或旅行社优惠价格。 ⑥以上情况都与客人确认后，在系统中办理延住，并给客人做新的房间钥匙和欢迎卡。 （3）实训结束

三、考核标准

客人延住操作考核标准见表6-16。

表6-16　客人延住操作考核标准

考核内容	考核标准	满分	实际得分
仪容、仪表、仪态	符合职业要求	1	
语言	礼貌、得体，体现专业素养	4	
电脑操作	信息录入完整、准确	5	
操作程序	完整、无遗漏和反复	7	
操作时间	15分钟以内（超时不得分）	3	
总分		20	

实训九　预计离店宾客处理

预计离店宾客处理

一、操作流程

操作流程：打印离店客人报表→整理离店房间→查看客人档案备注→致电客人→决定免费延迟离店时间→输入离店时间留言。

二、操作要求

预计离店宾客处理操作要求见表6-17。

表6-17　预计离店宾客处理操作要求

操作任务	预计离店宾客处理
操作时间	实训授课0.5学时，共计20分钟。其中，示范讲解5分钟，学生操作10分钟，考核测试5分钟
操作要求	(1) 仪容、仪表、仪态符合职业要求。 (2) 熟练掌握接待员基本业务知识。 (3) 服务用语礼貌，语音、语调轻柔适度，发音清楚，说话流利。 (4) 业务处理熟练无误，表单填写正确，电脑输入无误。 (5) 应变协调能力强，有促销意识
操作用品	(1) 总服务台。 (2) 装有酒店管理软件的电脑、打印机一套/组
操作方法	(1) 示范讲解。 (2) 学生两人一组，交互练习。 (3) 教师点评并考核
操作步骤与操作标准	(1) 实训前 ①准备实训用具，着装整齐，以达到仿真状态。 ②仪表、仪态及礼貌用语练习。 ③对话内容与场景由学生自行提前设计。

续表

操作步骤与操作标准	（2）实训开始 ①每天中午12：30后，按房号顺序打印当天预计离店客人报表。 ②根据以下顺序整理离店房间：无离店时间房间、有离店时间房间、贵宾房间。 ③检查备注，确认是否有任何关于离店时间的要求。 ④给除贵宾和根据推销计划授权可延迟离店的房间外的其他房间客人打电话询问离店时间；不要给有注明离店时间的客人打电话，因为它表明前台员工已与客人确认过离店时间；打电话给当天预计离店的客人，询问："××先生（女士），我是前台的××，根据我们的记录您今天退房，我可以和您确认您的退房时间吗？""您需要行李员为您搬行李吗？""您需要我为您订车去机场吗？"将确定的离店时间按标准格式输入电脑，例如14：30。 ⑤前台员工有权在出租率不高的情况下将客人离店时间延迟至15：00，15：00之后离店须请示领班；在出租率高时须值班经理决定延迟退房时间。 ⑥客人不在房间的情况下，可以以留言的方式告知客人确认离店时间，例如"××先生，请致电服务中心，分机3，确认您的离店日期和时间。" （3）实训结束

三、考核标准

预计离店宾客处理操作考核标准见表6-18。

表6-18　预计离店宾客处理操作考核标准

考核内容	考核标准	满分	实际得分
仪容、仪表、仪态	符合职业要求	2	
电脑操作	信息录入完整、准确	10	
操作程序	完整、无遗漏和反复	8	
总分		20	

单元六 前台接待服务

实训十 报表打印

一、操作流程

操作流程：打印各部门报告→报告的分类→打印例行报告→将报告归档。

二、操作要求

报告打印操作要求见表6-19。

表6-19 报告打印操作要求

操作任务	报告打印
操作时间	实训授课0.5学时，共计20分钟。其中，示范讲解5分钟，学生操作10分钟，考核测试5分钟
操作要求	（1）仪容、仪表、仪态符合职业要求。 （2）熟练掌握接待员基本业务知识。 （3）业务处理熟练无误，电脑输入无误
操作用品	（1）总服务台。 （2）装有酒店管理软件的电脑、打印机一套/组
操作方法	（1）示范讲解。 （2）学生两人一组，交互练习。 （3）教师点评并考核
操作步骤与操作标准	（1）实训前 ①准备实训用具，着装整齐，以达到仿真状态。 ②仪表、仪态练习。 ③准备需打印的报告目录。 （2）实训开始 ①通常由前台夜班员工按照目录打印报告。

续表

操作步骤与操作标准	②将报告分类并放在指定位置以方便取用。 ③例行报告每天打印 3 次，分别在 3 个班次前（6：30，14：00，22：00）打印。例行报告包括：抵达报告、离店报告、住店客人报告、房态表、账目报告等。 （3）实训结束

三、考核标准

报表打印操作考核标准见表 6-20。

表 6-20 报表打印操作考核标准

考核内容	考核标准	满分	实际得分
仪容、仪表、仪态	符合职业要求	2	
电脑操作	信息录入完整、准确	10	
操作程序	完整、无遗漏和反复	8	
总分		20	

课后练习

一、选择题

1. 办理入住手续的目的不包括（　　）。
   A. 签订住宿合同　　　　　　　B. 遵守法律法规
   C. 张显酒店档次　　　　　　　D. 获取客人资料

2. 下列不属于酒店黑名单的内容是（　　）。
   A. 通缉犯　　　　　　　　　　B. 逃账人员
   C. VIP　　　　　　　　　　　D. 曾故意闹事的客人

3. 国内宾客住宿登记时使用的有效证件不包括（　　）。
   A. 身份证　　B. 护照　　C. 军人证　　D. 教师证

4. "L"字签证指（　　）。
   A. 旅游签证　　B. 学习签证　　C. 访问签证　　D. 记者签证

5. 被称为酒店 PASSPORT 的是（   ）。

A. 因公护照　　　B. 身份证　　　　C. 房卡　　　　D. 客房钥匙

6. 可以卖给客人立即入住的房间是（   ）。

A. VD 房　　　　B. VC 房　　　　C. OD 房　　　　D. OC 房

7. 客房分配应按一定顺序进行，通常优先安排的是（   ）。

A. 常客　　　　B. 散客　　　　C. 保证类预订客　D. 团体客人

8. 客人入住后必须由（   ）将客人身份资料发送公安局。

A. 保安员　　　B. 行李员　　　　C. 客房服务员　　D. 户管员

二、思考题

1. 总台接待服务标准有哪些？
2. 住宿登记的目的是什么？住宿登记的 5 个重要概念是什么？
3. 讨论提高散客入住登记效率的技巧。
4. 如何处理客人的换房要求？
5. 如何避免开重房？

三、案例分析

一位客人来到总台，在办理入住手续时向服务员提出房价 7 折的要求。按酒店规定，只向住房 6 次以上的常住客提供 7 折优惠。这位客人声称自己也曾多次住店，服务员马上在电脑上查找核对，结果没有发现这位先生的名字。当服务员把调查结果当众道出时，这位先生顿时恼怒起来。此时正值总台入住登记高峰期，他的恼怒、叫喊，引来了许多不明事由客人好奇的目光。

如果你是总台服务员，你会如何处理此事？

单元七　前台收银服务

学习目标

1. 掌握收银处工作职责。
2. 掌握客账控制流程。
3. 掌握贵重物品保管。
4. 掌握账目说明、收取现金押金、散客结账、团体结账、保险箱服务、保险箱钥匙丢失的处理，以及外币兑换。

一、收银处工作职责

根据酒店的实际情况，收银处工作职责可能略有不同，主要包括以下几项。

（1）客账控制。包括建账、账务处理、结账等环节。

（2）办理住客的外币兑换业务。

（3）负责客人贵重物品的寄存与保管。

二、客账控制流程

酒店通常为客人提供一次性结账服务。一次性结账服务是指酒店在客人入住时为其建立信用限额，允许其在酒店各营业点挂账消费，而不必马上支付费用，账单则汇总到前厅收银处，待其退房时一并结算。因此，酒店必须建立一套有效的客账控制系统,为每位住客建立和维护会计记录,在为客人服务过程中跟踪每一项财务交易,保证内部控制覆盖到所有现金和非现金交易,同时客账控制系统也应能够处理非住店客人的财务交易。

(一)建账

客人办理完入住登记手续并预付押金之后,前台收银员(Cashier)据此为客人建立账户(Creation of Account)。建立账户的方法有手工建立和电脑自动建立两种。账户余额的增加记录在借方,余额的减少记录在贷方。在电脑系统中,借方和贷方均列数个栏目,贷方余额用括号或减号表示其对账户余额的影响。酒店前台客人账户主要分为以下四类。

1. 散客账户

散客在做保证类预订或登记入住后,收银员以"预订单"或"入住登记表"以及押金单的收银联为依据,按照房号为住客设立账户,填制账单。客人账单一般按房号顺序排列,存放在账单架(盒)内。另外,在采用电脑自动化系统的酒店,该系统会自动为每个住客建立账户,分配连续编号的账号,以方便系统索引以及形成一个完整的凭证链。在需要时,账单可以恢复显示或打印出来。

2. 团体账户

由于团体客人在收费和支付上不同于散客,团体账户一般应设两个账户:主账户(Master Folio,也称 A 账户)和杂项账户(Incidental Folio,也称 B 账户)。团体客人的食宿费用一般由旅行社或接待单位支付,这些费用应记入主账户上,而酒水、电话以及其他个人支付的费用则记录到杂项账户上,这类似于散客账户。酒店为满足某些特殊情况和要求,对散客有时也会建立 A、B 账户,如商务客人要求把他的收费和支付分两个账户,一个记录由公司结算的费用,另一个记录由客人支付的个人费用。

3. 非住客账户

酒店为推销产品而给予当地的公司或旅行社店内挂账的权利,前台建立非住客账户跟踪这些交易,这些账户也称为外客账户(City Account)。非住客账户也用于记录离店客人没有结算的账款,这种账户的结算责任一般由前台转给后台部门负责处理。

4. 员工账户

员工账户专门分配给酒店已授权的员工。酒店应严格规定员工账户只用于因酒店原因而进行的签单，如销售经理在酒店餐厅招待客户。

（二）过账

在账户上记录交易的过程叫做过账或记账（Posting），过账要求准确、及时，尤其是多人即将离店时发生的消费，及时过账就显得尤为重要。

1. 凭单（凭证）

凭单详细反映了客人在各销售点所发生交易的交易信息，这些凭单由前台保管。前台会计主要保管以下几类凭单：现金凭单、消费凭单、转账凭单、折扣凭单和付款凭单。

2. 过账系统

（1）手工系统。目前仍有些小型酒店是通过手工过账。收银员接到销售点传来的凭单时，应逐项核准凭单号码、消费项目、金额、销售点名称、房间号码、客人姓名及其签名、日期、经手人签名等，并将内容列在账单相应的栏目下。在营业日结束后，每栏加总，将当天的余额转为次日账单上的期初余额。手工过账速度慢，且容易遗失，酒店必须制定严格的程序，并将责任落实到人。

（2）电脑系统。大中型酒店目前均采用全自动系统过账。销售点的业务通过电脑终端记录到房间电子账单上，账单可在前台等处按需打印。通过电脑终端进行过账，仍然需要客人在消费凭单上签字，并传递到相关部门。一方面这是稽核的需要，另一方面则可以防止客人对消费项目与金额产生争议。

（三）结账服务

办理退房结账（Settlemen）手续是宾客离店前所接受的最后一项服务，收银员应热情、礼貌、快捷而准确地提供服务，最后，在客人心目中树立良好的酒店形象。在结账阶段，前台员工首先应解决应收未收客账余额，其次，更新客房状态，再建立、保持客史档案。

（四）交款制表

（1）清点现金。当班结束时，收银员应先分理出期初备用金，然后清点剩下的现金、信用卡签购单、支票和其他可转换款项（如现金预支凭单），填写款表，将款项封入现金缴款袋，并在袋面详细列明和记录放入的内容，将缴款袋投入前台保险箱内。缴款过程至少应有另一员工在场，共同在登记本上签字，并注明投放时间。

（2）整理单据。将已离店结账的账单按照"现金结算""支票结算""信用卡结算""挂账结算"等类别分别汇总整理，注意检查各类凭单、发票、电脑账单、登记单是否齐全，不得缺失。入住、预订客人的押金、订金单据应分类整理汇总。

（3）制表。为了确保每天客账收入的准确性，收银员每班都必须编制收银报告。随着电脑系统的使用，收银报告可由电脑制作完成，这既可以减轻收银员的工作量，提高对客服务质量，又可保证数据的准确。现在许多酒店的收银员仅需打印一份汇总表，其他的明细表改由稽核人员编制。汇总表主要分两大栏：借方栏和贷方栏。借方栏列示当班记入的各账户的费用额，即酒店应收客人的款项，内容为各种消费凭单；贷方栏列示当班办理结账的数额，即酒店应收账款的减少数额，内容为结账方式，如现金、信用卡、挂账、支票等。

（4）核对。将缴款单上的款项与汇总表上的贷方栏合计数比较，若不相符，应即刻查找原因，最后把账单和报表按规定上交或移交。

三、结账服务

（一）散客结账服务流程

由于酒店的服务水平和自动化程度、客源结构不同，各酒店结账程序可能差异较大。例如，有些高档酒店在结账时不等楼层通报查房结果，而是直接询问客人是否有酒水等消费，表现出对客人的充分信任，更为重要的是此举大大缩短了客人结账时间，体现了前台的服务水准。总的说来，酒店员工在离店结账环节应处处遵循礼貌、快捷、准确的原则。

（二）结账付款方式

客人账户可以通过多种付款方式将账户余额转为零。付款方式主要包括：现金、信用卡、挂账和混合方式四大类。

1. 现金支付

（1）人民币现钞。客人用预付的现金结账，需注意多退少补。有的客人入住时压印了信用卡,结账时可能改用现金结账,应注意辨别真伪,并销毁压印的信用卡签购单,最后在账单标记已付讫章。

(2) 外币。一般应首先兑换成本国货币,因为习惯上酒店只使用本国货币结算。

(3) 旅行支票。旅行支票和支票属可转让票据,可被酒店视为现金。使用时应注意检查旅行支票的真伪。

(4) 支票。对于支票支付,酒店应制定专门的程序,最好由专人负责处理。此业务程序一般为:查验支票的真伪;检查支票的有效期,支票单位、个人印鉴是否清晰可见,数字是否符合规定,支票用途是否符合要求;然后用碳素笔正确填写支票,不可涂改、描补,填写支票留存联,最后把支票留存联交给客人。目前,国内大多数酒店暂不接收现金支票、私人支票。

2. 信用卡支付

客人使用信用卡支付账款时,酒店并未收到钱款,而需要等待从信用卡公司实际收到款项。因此,信用卡结账是在客人账单上建立了一个贷项转移,将账户金额从住客分类账转移到非住客分类账的信用卡账户上。

目前,大多数酒店都配备了信用卡授权终端机(POS 机)。在客人入住时,收银员只要将信用卡在终端机上划过,估算客人在酒店的消费额,输入预授权金额,让客人输入密码,即可打印出一张预授权单,取得授权号。当客人退房时,请其再出示信用卡,在 POS 机上划过,输入实际消费金额、预授权号,并让客人输入密码,打印出 POS 凭证,最后请客人签名并核对。

3. 挂账支付

与信用卡支付一样,挂账支付也是将客人账户金额从住客分类账转移到非住客分类账,只是收取挂账款的责任是酒店而非外部的代理公司。酒店一般不接受挂账支付的结算方式,只有经财务信用部门事先批准的单位或个人才能转账。为方便财务部门收取挂账支付的账款,收银员应让客人在账单上签字以确认内容正确,并将账单随住宿登记单、预订单、消费凭单一起转财务部处理。

4. 混合结账方式

客人可能使用超过一种结算方式将账户结为零。例如,客人可能用现金支付部分账款,剩余账款使用信用卡结算。收银员应做好分单处理,并做适当的书面记录,这有助于前台审计。

（三）延迟结账

常常会有客人在酒店公布的结账时间之后离店，酒店应授权前台收取延迟结账离店的费用。前台员工不需对延迟结账费用进行道歉，因为酒店的结账时间是有规定的，并不是任意设置的。

（四）结账选择

随着技术的进步，前厅在标准结账程序之外发展了一些快速结账程序，这更好地适应了客人的需要。

1. 自助结账

自助结账是客人通过设置在大堂或房内的自助结账终端，自己结账离店。这些结账终端与前厅电脑系统相连，客人可以随时查看他们的账单并结账，这样可以减少前厅的客人流量以及结账时间。

结账时，客人进入相应的客房账单，检查账单内容，系统要求客人通过附带的信用卡POS机划卡来输入信用卡号码，只要客人在入住时出示了有效的信用卡，系统就能将账款自动从信用卡里划拨，并打印出明细账单交给客人或者客人在临走时到总台取账单。同时该系统自动与前厅电脑系统沟通更新客房状态，建立客史记录。

2. 快速结账

为避免客人在结账高峰时等待时间过长，减少前厅的工作量，某些酒店为在入住时使用信用卡、挂账方式建立信用的客人提供快速结账服务。前台员工或客房服务员可在早上6点前将当天预计离店客人的账单连同"快速结账委托书"从客人房门下轻轻推进。客人应填好这张委托书，离店前交给前台工作人员，在客人离店后，收银员将应收客账余额转为事先批准的结账方式来完成客人的结账工作，客人离店前发生的任何额外费用（例如电话费），前台收银员会加到他的账单上，这份更新的账单应邮寄给客人以便他有一个准确的记录。通过这种方式，客人在收到信用卡账单时，发现金额差异时就不会有质疑了。

（五）特殊情况处理

1. 消费超过信用限额

客人在登记入住时，通过提供信用卡或现金等方式获得挂账权利，酒店为客人设立信用限额，在此限额范围内，前台可以直接记账。

当客人账户接近或超过其信用限额时，可能会发生超账等情况，这些账户被称为超限额账户。前厅经理或夜审员负责确认账户是否达到或超过预先设定的信用限额，酒店前台每天应定时检查客人账单，以保证客账没有超过批准的信用限额。当发现超限额账户时，前厅可以通过向信用卡公司申请增加备用授权或要求客人支付部分账款以减少应收款来解决此问题。在超限额账户问题解决前，酒店可拒绝新的消费记入该客人账单。

2. 结账时要求优惠

有些客人在结账时，会要求酒店对于其房费给予一定程度的优惠，对于符合酒店优惠条件的，收银员应填写"账户纠正单"，交前厅经理或相关人员签字确认，注明原因，最后在电脑上将差额做退账；不符合条件的，应婉转说明。

3. 他人代付账

当客人要求代付他人账款时，应请客人填写书面授权书并签名，注明代付项目，在电脑中做好记录，以免事后发生纠纷。

4. 客人损坏或丢失客房物品

必须要及时处理客人损坏或丢失客房物品类的问题。处理时应兼顾酒店与客人双方的利益，尽量保证酒店不受大的经济损失，同时又能让客人接受，不使客人感觉丢面子。

四、外币兑换业务

酒店为方便住店客人，向有关银行机构申请，在酒店总台设立外币兑换点，根据国家外汇管理局每日公布的外汇牌价，为住店客人代办外币兑换、旅行支票和外币信用卡业务。外币兑换员（一般由收银员兼任）应学习外币兑换的业务知识，接受专业技术、技能培训。酒店应配备相应的外币验钞机等设备，增强识别假钞能力，以做好外币兑换业务。

五、贵重物品保管

酒店为保障住店客人的财产安全，应免费提供贵重物品保管服务。贵重物品保管服务有两种，一种是在客房内设置小型保险箱，客人可自行设置密码，使用起来安全方便；另一种则是在总台设置客用保险箱，通常由收银员负责此项服务。客用保险箱一般放置于前台旁边的一间位置隐蔽、安全的小房间内，房内应装有电子摄像监控系统。客用保险箱是一种带一排排各种规格小保管箱的柜子，每个小保险箱有两把钥匙，一把由收银员保管，另一把由客人保管，只有两把钥匙同时使用，才能打开保险箱。小保险箱的数量可按不少于酒店客房数的8%~15%来配备。

客人贵重物品寄存是一项非常重要的工作，酒店应建立严格的规章制度，并特别注意以下事项。

（1）定期检查保险箱各门锁是否处于良好的工作状态。

（2）酒店可规定客人寄存贵重物品的最高标准及赔偿限额，避免不必要的麻烦。

（3）客人寄存物品时，收银员应注意回避，不看、不问。

（4）严格、认真核对客人的签名。

（5）必须请客人亲自来存取，一般不能委托他人。

（6）交接班时，应仔细核对保险箱的使用数目、钥匙数量。注意所有保险箱钥匙不能带出前台，必须妥善保管。

（7）客人退箱后的寄存单应存放至少半年以上，以备查核。

实训一　账目说明

账目说明

一、操作流程

操作流程：确认付账说明→收取押金→店外客人付现金押金→店外客人刷卡付押金→填写备注。

二、操作要求

账目说明操作要求见表7-1。

表 7-1 账目说明操作要求

操作任务	账目说明
操作时间	实训授课 0.5 学时，共计 20 分钟。其中，示范讲解 5 分钟，学生操作 10 分钟，考核测试 5 分钟
操作要求	（1）仪容、仪表、仪态符合职业要求。 （2）熟练掌握收银员基本业务知识。 （3）服务用语礼貌，语音、语调轻柔适度，发音清楚，说话流利。 （4）业务处理熟练无误，表单填写正确，电脑输入无误
操作用品	（1）总服务台。 （2）付款说明书、现金若干、验钞机、押金收据、笔。 （3）装有酒店管理软件的电脑、打印机一套/组
操作方法	（1）示范讲解。 （2）学生两人一组，交互练习。 （3）教师点评并考核
操作步骤与操作标准	（1）实训前 ①准备实训用具，着装整齐，以达到仿真状态。 ②仪表、仪态及礼貌用语练习。 ③对话内容与场景由学生自行提前设计。 （2）实训开始 ①A 客人给 B 客人付账（两个客人在不同房间）；A 或 B 客人如提前离房或换房，需随时更新其备注。 ②收取足够押金以确保足够两个房间住店期间所发生的费用；帮助客人填全付款说明书；如果付信用卡做押金，将信用卡授权卡单附在 A 客人登记卡后。 ③店外的 A 客人为住店的 B 客人付现金押金；收取足够的现金，请 A 客人在 B 客人的登记卡上签付款授权书，并留下联系电话。 ④店外的 A 客人为住店的 B 客人采用信用卡支付方式支付押金；打印空白的信用卡单，请 A 客人在空白信用卡单上签字，在 B 客人的登记卡上签付款授权书，并留下联系电话；随后将客人签过字的空白信用卡签购单保存在值班经理保险箱内，并在系统中做备注以提醒员工。 ⑤在登记卡上填全付款说明，并根据情况写明备注，然后在系统中做相应的注明。 （3）实训结束

三、考核标准

账目说明操作考核标准见表 7-2。

表 7-2 账目说明操作考核标准

考核内容	考核标准	满分	实际得分
仪容、仪表、仪态	符合职业要求	1	
语言	礼貌、得体，体现专业素养	4	
电脑操作	信息录入完整、准确	5	
操作程序	完整、无遗漏和反复	7	
操作时间	2 分钟以内（超时不得分）	3	
总分		20	

实训二　收取现金押金

收取现金押金

一、操作流程

操作流程：计算押金额→告知客人总额→收取现金→押金输入系统→开押金收据给客人→向客人解释押金条款→再次检查系统中输入的准确性→续住客人在系统中延期→客人付现金作为押金。

二、操作要求

收取现金押金操作要求见表 7-3。

表 7-3　收取现金押金操作要求

操作任务	收取现金押金
操作时间	实训授课 0.5 学时，共计 20 分钟。其中，示范讲解 5 分钟，学生操作 10 分钟，考核测试 5 分钟
操作要求	（1）仪容、仪表、仪态符合职业要求。 （2）熟练掌握收银员基本业务知识。 （3）服务用语礼貌，语音、语调轻柔适度，发音清楚，说话流利。 （4）业务处理熟练无误，表单填写正确，电脑输入无误
操作用品	（1）总服务台。 （2）付款说明书、现金若干、验钞机、押金收据、笔。 （3）装有酒店管理软件的电脑、打印机一套/组
操作方法	（1）示范讲解。 （2）学生两人一组，交互练习。 （3）教师点评并考核
操作步骤与操作标准	（1）实训前 ①准备实训用具，着装整齐，以达到仿真状态。 ②仪表、仪态及礼貌用语练习。 ③对话内容与场景由学生自行提前设计。 （2）实训开始 ①根据公式计算客人在店期间预计消费的额度：房费×入住天数×1.5（注：此为参考数据，应根据客人具体情况确定收取押金额）。如果客人为延住付押金，须确定延住天数。 ②礼貌告知客人押金总额，结账时押金多退少补。 ③用双手接过现金，在客人面前清点清楚（正确使用验钞机），并注意唱收唱付。如果金额数不对或是不可接收的钱币，必须立即当面同客人讲清。 ④押金收据须客人和员工双方签字确认，并立即将押金输入系统。 ⑤向客人解释押金收取及退还的具体条款。 ⑥客人离开柜台后，立即再次确认系统中输入的准确性。 ⑦如客人为延住客人，确保在系统中为客人延住，并做新钥匙。

续表

操作步骤与操作标准	⑧客人如付外币作押金，押金总额按人民币计算，同上所述；外币总额依照每天外汇牌价计算得出；外币不可直接用于结算，除非在退房时兑换成人民币或改用其他方式结算；向客人礼貌地解释外币只是作为押金在入住期间存放前台；开据外币押金收据给客人；客人结清账目后，凭收据退还外币押金；外币押金由前台员工放在信封中密封，将细节（客人姓名、房号、入住期间、外币种类、金额）在信封上注明，交给服务经理，并在客人入住期间存放于保险箱内；在离店信息中输入"收取××币××作为押金，存放宾客服务经理处。 （3）实训结束

三、考核标准

收取现金押金操作考核标准见表7-4。

表7-4 收取现金押金操作考核标准

考核内容	考核标准	满分	实际得分
仪容、仪表、仪态	符合职业要求	1	
语言	礼貌、得体，体现专业素养	4	
电脑操作	信息录入完整、准确	5	
操作程序	完整、无遗漏和反复	7	
操作时间	1分钟以内（超时不得分）	3	
总分		20	

实训三 散客结账

一、操作流程

操作流程：问候→确认客人房号→通知客房中心查房→确认付款方式→打印账单→宾客签名确认→账务处理→征询宾客意见→礼貌送别→通知相关班组

→整理单据。

二、操作要求

散客结账操作要求见表7-5。

表7-5 散客结账操作要求

操作任务	散客结账
操作时间	实训授课1学时，共计40分钟。其中，示范讲解10分钟，学生操作25分钟，考核测试5分钟
操作要求	（1）仪容、仪表、仪态符合职业要求。 （2）熟练掌握收银员基本业务知识。 （3）服务用语礼貌，语音、语调轻柔适度，发音清楚，说话流利。 （4）业务处理熟练无误，表单填写正确，电脑输入无误
操作用品	（1）总服务台。 （2）付款说明书、现金若干、验钞机、押金收据、笔。 （3）装有酒店管理软件的电脑、打印机一套/组
操作方法	（1）示范讲解。 （2）学生两人一组，交互练习。 （3）教师点评并考核
操作步骤与操作标准	（1）实训前 ①准备实训用具，着装整齐，以达到仿真状态。 ②仪表、仪态及礼貌用语练习。 ③对话内容与场景由学生自行提前设计。 （2）实训开始 ①主动问候客人，询问客人是否结账离店。 ②询问客人房号，收回房卡、钥匙和押金单等，通过电脑与客人核对姓名、房号。 ③通知客房中心查房，检查客房小酒吧耗用情况以及客房设施设备的使用情况等。

续表

操作步骤与操作标准	④核实退房时间是否符合酒店规定。按照国际惯例，退房时间超过中午12点且在下午6点前的，加收半日房费；超过下午6点，则加收全天房费。 ⑤委婉地问明客人是否有其他临时消费，如餐费、洗衣费等，以免产生漏账，给酒店造成损失。 ⑥检查是否有邮件、留言、传真未传递给客人，是否有寄存的贵重物品未取。 ⑦弄清客人是否要预订下次来时的客房，或者预订本酒店集团属下的其他酒店客房。 ⑧问明客人付款方式。 ⑨打印账单。 ⑩双手呈送账单给客人核对，请其签名确认。客人如有疑问，可向其出示保存在账单盒内已经核对的原始凭单。 ⑪按照客人要求的付款方式结账，开发票。 ⑫发给客人征求意见卡，请客人对酒店进行评价。 ⑬对客人表示感谢，并祝其旅途安全、愉快。 ⑭若有必要，将客人离店信息通知有关班组，如通知总机关闭客房外线电话。 ⑮更新房间状态。 ⑯整理账款，方便审核人员。 （3）实训结束

三、考核标准

散客结账操作考核标准见表7-6。

表7-6 散客结账操作考核

考核内容	考核标准	满分	实际得分
仪容、仪表、仪态	符合职业要求	1	
语言	礼貌、得体，体现专业素养	4	

续表

考核内容	考核标准	满分	实际得分
电脑操作	信息录入完整、准确	5	
操作程序	完整、无遗漏和反复	7	
操作时间	3分钟以内（超时不得分）	3	
总分		20	

实训四　团体结账

团队结账

一、操作流程

操作流程：结账准备→问候→确认团体名称及房号→通知客房中心查房→确认付款方式→打印账单→签名确认→账务处理→礼貌送别→通知相关班组→整理单据。

二、操作要求

团体结账操作要求见表7-7。

表7-7　团体结账操作要求

操作任务	团体结账
操作时间	实训授课1学时，共计40分钟。其中，示范讲解10分钟，学生操作25分钟，考核测试5分钟
操作要求	（1）仪容、仪表、仪态符合职业要求。 （2）熟练掌握收银员基本业务知识。 （3）服务用语礼貌，语音、语调轻柔适度，发音清楚，说话流利。 （4）业务处理熟练无误，表单填写正确，电脑输入无误

续表

操作用品	（1）总服务台。 （2）付款说明书、现金若干、验钞机、押金收据、笔。 （3）装有酒店管理软件的电脑、打印机一套/组
操作方法	（1）示范讲解。 （2）学生两人一组，交互练习。 （3）教师点评并考核
操作步骤与 操作标准	（1）实训前 ①准备实训用具，着装整齐，以达到仿真状态。 ②仪表、仪态及礼貌用语练习。 ③对话内容与场景由学生自行提前设计。 （2）实训开始 ①团体客人退房前一天前厅部应提前做好准备，核对清楚主账户与杂项账户，与相关部门、班组联系，做好查房、行李服务等准备工作。 ②可与有自付项目的客人联系，建议客人于退房前一天晚上提前结清自付款项，以免退房时客人等待时间过长。 ③退房时，主动问候客人，核准团体名称、房号，收回欢迎卡、钥匙等。 ④通知客房中心查房，检查客房小酒吧耗用情况以及客房设施设备的使用情况等。 ⑤问明客人付款方式。 ⑥打印总账单。 ⑦双手呈送账单给地陪或会议负责人，请其确认并签名。 ⑧按合同及规定结账、开发票。 ⑨为有自付账目仍未结清的团体客人打印账单、收款。 ⑩如出现账目上的争议，及时请主管或大堂副理协助解决。任何情况下，不得将团体房价透露给团体成员及非相关人员。团队陪同无权私自将未经合同认可的账目转由旅行社支付。 ⑪给客人征求意见卡，请客人对酒店进行评价。 ⑫向客人表示感谢，并祝其旅途安全、愉快。 ⑬如有必要，应将客人离店信息通知有关班组，如通知总机关闭客房外线电话。

续表

操作步骤与操作标准	⑭更新房间状态。 ⑮整理账款，方便审核人员。 （3）实训结束

三、考核标准

团体结账操作考核标准见表7-8。

表7-8 团体结账操作考核

考核内容	考核标准	满分	实际得分
仪容、仪表、仪态	符合职业要求	1	
语言	礼貌、得体，体现专业素养	4	
电脑操作	信息录入完整、准确	5	
操作程序	完整、无遗漏和反复	7	
操作时间	5分钟以内（超时不得分）	3	
总分		20	

实训五　保险箱服务

保险箱服务

一、操作流程

操作流程：申请保险箱→请客人填写保险箱登记表格→询问客人需要多大保险箱→开启保险箱→完成保险箱登记卡→关闭保险箱→将保险箱钥匙交给客人→提醒使用钥匙的注意事项→在系统中输入信息→核对客人信息→填写记录→开保险箱→客人退还保险箱和钥匙。

二、操作要求

保险箱服务操作要求见表7-9。

表7-9 保险箱服务操作要求

操作任务	保险箱服务
操作时间	实训授课0.5学时，共计20分钟。其中，示范讲解5分钟，学生操作10分钟，考核测试5分钟
操作要求	（1）仪容、仪表、仪态符合职业要求。 （2）熟练掌握收银员基本业务知识。 （3）服务用语礼貌，语音、语调轻柔适度，发音清楚，说话流利。 （4）业务处理熟练无误，表单填写正确，电脑输入无误
操作用品	（1）总服务台、贵重物品寄存间。 （2）保险箱、保险箱登记卡、欢迎卡、房间钥匙、笔。 （3）装有酒店管理软件的电脑、打印机一套/组
操作方法	（1）示范讲解。 （2）学生两人一组，交互练习。 （3）教师点评并考核
操作步骤与操作标准	（1）实训前 ①准备实训用具，着装整齐，以达到仿真状态。 ②仪表、仪态及礼貌用语练习。 ③对话内容与场景由学生自行提前设计。 （2）实训开始 ①使用标准用语招呼客人。首先建议客人使用房间内保险箱，如果客人坚持使用前台保险箱，则请客人出示欢迎卡与钥匙，得到客人房号和姓名后，通过电脑查询、核对。在确认客人是登记住店客人后，请客人进入贵重物品寄存间内。 ②请客人在保险箱登记卡上填写姓名、房号、有效证件号码、国籍和地址，使用全手掌指出客人所要填写的项目，并请客人签名；向客人解释保险箱使用条款。 ③询问客人："我们有不同大小的保险箱，您需要哪一种？" ④用保险箱万用钥匙和保险箱专用钥匙一起打开保险箱；将保险箱交给客人并打开箱盖。当客人将保管物品放入保险箱内时，与客人保持一定距离。

续表

操作步骤与操作标准	⑤填写保险箱登记卡各项内容：保险箱号码、员工姓名、日期时间等。按保险箱号码将登记卡存放。如果客人授权其他人也可使用保险箱，则要求住店客人和被授权人同时在保险箱登记卡上签字。 ⑥将保险箱放回原处，使用客人和酒店的两个钥匙将保险箱关闭。 ⑦与客人确认钥匙号码。注意房号不能体现在钥匙上。 ⑧提醒客人没有可替代的钥匙，如果遗失将收取相应的费用。 ⑨在系统的退房信息处输入"客人使用×号保险箱"。 ⑩中途使用保险箱：招呼客人并拿到保险箱钥匙；将客人指引到贵重物品寄存间；取出保险箱登记卡，询问客人房号和姓名并进行核对；请客人在保险箱登记卡开启记录指定位置签名，并将其与最初的签名加以对照，填写房号、姓名和保险箱号码；使用客人的钥匙和酒店的钥匙同时打开保险箱；当客人使用完毕之后，将保险箱关闭，并将钥匙退还给客人；在卡的背面填写员工姓名、日期和时间。 ⑪退还保险箱。确认客人的身份与开保险箱的程序相同。请客人在保险箱登记卡后写有"还保险箱"处签字；对比签名，写上员工姓名、日期和时间；确认客人取出保险箱内所有物品。前台员工要根据退保险箱的日期将所有登记卡存档。 （3）实训结束

三、考核标准

保险箱服务操作考核标见表7-10。

表7-10 保险箱服务操作考核标准

考核内容	考核标准	满分	实际得分
仪容、仪表、仪态	符合职业要求	1	
语言	礼貌、得体，体现专业素养	4	
电脑操作	信息录入完整、准确	5	
操作程序	完整、无遗漏和反复	7	
操作时间	5分钟以内（超时不得分）	3	
总分		20	

实训六 保险箱钥匙丢失的处理

保险箱钥匙丢失的处理

一、操作流程

操作流程：与客人确认是否丢失保险箱钥匙→再次确认所有信息→报告服务经理→钻开并打开保险箱→出具收费单→安装新的保险箱。

二、操作要求

保险箱钥匙丢失的处理操作要求见表7-11。

表7-11 保险箱钥匙丢失的处理操作要求

操作任务	保险箱钥匙丢失的处理
操作时间	实训授课0.5学时，共计20分钟。其中，示范讲解5分钟，学生操作10分钟，考核测试5分钟
操作要求	(1) 仪容、仪表、仪态符合职业要求。 (2) 熟练掌握收银员基本业务知识。 (3) 服务用语礼貌，语音、语调轻柔适度，发音清楚，说话流利。 (4) 业务处理熟练无误，表单填写正确，电脑输入无误
操作用品	(1) 总服务台、贵重物品寄存间。 (2) 保险箱、保险箱登记卡、欢迎卡、房间钥匙、笔。 (3) 装有酒店管理软件的电脑、打印机一套/组
操作方法	(1) 示范讲解。 (2) 学生两人一组，交互练习。 (3) 教师点评并考核

续表

操作步骤与操作标准	（1）实训前 ①准备实训用具，着装整齐，以达到仿真状态。 ②仪表、仪态及礼貌用语练习。 ③对话内容与场景由学生自行提前设计。 （2）实训开始 ①再次与客人确认是否丢失保险箱钥匙，并告知如果钻开保险箱，将收取赔偿费人民币××元。 ②确认客人签字是否与记录相同，保证打开的是正确的保险箱。 ③通知服务经理来安排钻开保险箱事宜。 ④在值班工程师、保安主任、服务经理和客人同时在场的情况下钻开保险箱。 ⑤将保险箱交给客人，并让客人核对其物品；重新开启另一保险箱给客人，并更新相关记录。 ⑥让客人在账单上签字，将费用输入电脑，通知财务部以上事件，新的保险箱将由财务部决定安装事宜。 （3）实训结束

三、考核标准

保险箱钥匙丢失的处理操作考核标准见表7-12。

表7-12　保险箱钥匙丢失的处理操作考核标准

考核内容	考核标准	满分	实际得分
仪容、仪表、仪态	符合职业要求	1	
语言	礼貌、得体，体现专业素养	4	
电脑操作	信息录入完整、准确	5	
操作程序	完整、无遗漏和反复	7	
操作时间	5分钟以内（超时不得分）	3	
总分		20	

实训七 外币兑换

一、操作流程

操作流程：问候→了解宾客需求→告之兑换率→清点外币→验钞→确认宾客身份→填写/打印兑换水单→与宾客清点人民币→道别。

二、操作要求

外币兑换操作要求见表7-13。

表7-13 外币兑换操作要求

操作任务	外币兑换
操作时间	实训授课0.5学时，共计20分钟。其中，示范讲解5分钟，学生操作10分钟，考核测试5分钟
操作要求	(1) 仪容、仪表、仪态符合职业要求。 (2) 熟练掌握收银员基本业务知识。 (3) 服务用语礼貌，语音、语调轻柔适度，发音清楚，说话流利。 (4) 业务处理熟练无误，表单填写正确，电脑输入无误
操作用品	(1) 总服务台。 (2) 付款说明书、现金若干、验钞机、押金收据、笔。 (3) 装有酒店管理软件的电脑、打印机一套/组
操作方法	(1) 示范讲解。 (2) 学生两人一组，交互练习。 (3) 教师点评并考核
操作步骤与操作标准	(1) 实训前 ①准备实训用具，着装整齐，以达到仿真状态。 ②仪表、仪态及礼貌用语练习。 ③对话内容与场景由学生自行提前设计。

续表

操作步骤与 操作标准	（2）实训开始 ①主动问候，了解客人要求，问清客人兑换的币种，看是否属于本酒店可兑换币种。 ②礼貌告诉客人当天的外币兑换率。 ③清点外币，通过外币验钞机或人工检验外币真伪。 ④请客人出示护照和房卡，确认其住客身份。 ⑤打印或填写兑换水单，将外币名称、金额、兑换率、应兑金额及客人姓名、房号填写在相应栏目内。 ⑥请客人在水单上签名，检查客人与证件上照片是否一致，并通过电脑核对。 ⑦清点人民币现金，连同护照、一联水单交给客人，请客人清点并道别。 （3）实训结束

三、考核标准

外币兑换操作考核标准见表7-14。

表7-14 外币兑换操作考核标准

考核内容	考核标准	满分	实际得分
仪容、仪表、仪态	符合职业要求	1	
语言	礼貌、得体，体现专业素养	4	
电脑操作	信息录入完整、准确	5	
操作程序	完整、无遗漏和反复	7	
操作时间	2分钟以内（超时不得分）	3	
总分		20	

课后练习

一、选择题

1. 前厅收银的主要职责不包括（　　）。

A. 外币兑换　　　B. 贵重物品寄存　　C. 发放钥匙　　D. 账务处理

2. 下列不属于"借方"入数内容的是（　　）。

A. 房费　　　　　B. 预付金　　　　C. 代付款项　　D. 赔偿

3. 酒店为住店客人免费提供的贵重物品寄存处是（　　）

A. 礼宾部　　　　B. 房务中心　　　C. 前台　　　　D. 大堂副理台

4. 客人如果需要将旅行支票兑换成人民币，支票上需要有（　　）次持票客人的签名。

A. 1　　　　　　B. 2　　　　　　C. 3　　　　　　D. 4

5. 前台收银兑换服务一般不包括（　　）。

A. 人民币兑换零钱　　　　　　　B. 外币换人民币

C. 人民币换外币　　　　　　　　D. 人民币换整钱

6. 如果客人过了结账时间（当日中午12：00）仍未结账，应加收房费。假如一客人下午16：00结账，应加收一天房费的（　　）。

A. $\dfrac{1}{3}$　　　　　B. $\dfrac{1}{2}$　　　　　C. 全价　　　　D. $\dfrac{2}{3}$

7. 《酒店星级的划分与评定》对酒店前厅部服务做了相关规定，其中（　　）酒店必须具备24小时以上结账服务。

A. 一星级酒店以上　　　　　　　B. 二星级酒店以上

C. 三星级酒店以上　　　　　　　D. 四星级酒店以上

二、思考题

1. 如何提高酒店结账服务的效率与准确性？
2. 延迟结账会给酒店造成哪些困难？收取延迟结账费用能否减少这些问题？
3. 怎样防止客人逃账？
4. 酒店可以采取哪些措施确保住客贵重物品寄存的安全性？

三、案例分析

一个会议团共租房15间，住5天，房费含早餐。该团以散客形式入住，总台在客人入住时将5天早餐券一次性交予客人。结账时，14间客房都没有问题，但有一间客房却有200元的早餐挂账。客人说："入住时总台并未给过他早餐券，所以他才把早餐费用挂账，现在应把餐费免了。"那么，此费用是否该免除呢？

单元八 "金钥匙"服务

学习目标

1. 了解"金钥匙"服务。
2. 了解中国酒店金钥匙会员资格及入会考核标准。
3. 掌握"金钥匙"的岗位职责和素质要求。
4. 了解"金钥匙"在中国的兴起和发展。
5. 了解中国酒店金钥匙服务项目。
6. 能够正确进行寻人服务、订车服务、转交物品服务、旅游服务、订票服务,以及外修、外购服务。

一、金钥匙概述

"金钥匙"的英文为"Concierge",全称为"国际饭店金钥匙组织",它既指一种专业化的酒店服务,又指一个国际性的酒店服务专业组织,同时还是对具有国际金钥匙组织会员资格的前厅职员的称谓。国际金钥匙组织的格言是:友谊与服务。

金钥匙服务最早由以费迪南德·吉列特(Ferdinand Gillet)为代表的一群法国人于1929年提出,他们将酒店委托代办服务上升为一种理念,发展至今。"金钥匙"服务指由酒店内礼宾部职员以为其所在酒店创造更大的经营效益为目的,按照国际金钥匙组织特有的金钥匙服务理念和由此派生出的服务方式为客人提供一条龙的个性化服务。它通常以"委托代办"的形式出现,即客人委托、酒店代办。金钥匙服务涉及的内容非常广泛,能充分满足客人的个性化需求。这些服务从代办修鞋、补裤到承办宴会酒席,从订票租车到旅游线路安排,甚至可以帮客人把宠物送到地球另一边的家中。在酒店内,只要找到"金钥匙",他就会竭尽全力为客人安排好一切,使客人获得"满意加惊喜"的服务。

"金钥匙组织"是指全球酒店中专门为客人提供金钥匙服务的职员,以个人身份加入的国际酒店专业服务民间组织。它于1952年成立,总部设在法国巴黎,经过五十余年的发展,国际酒店金钥匙组织已经发展成拥有34个国家和地区参加,4 500多名成员的专业组织。在1997年罗马举行的第44届国际金钥匙组织年会上,中国酒店金钥匙组织被接纳为国际酒店金钥匙组织第31个成员国团体会员。国际金钥匙组织每年在某个热点旅游城市召开一次全球性会员大会,共同探讨金钥匙服务的发展趋势,交流服务经验,并逐步成为一个为国际商务旅游客人服务的协作网络。

"金钥匙"还是对酒店中专门为客人提供金钥匙服务的个人的称谓,只有符合一定的条件,并经金钥匙组织考核合格的人才有资格在由金钥匙组织指定式样的燕尾服上带上国际酒店金钥匙组织的徽章——两把垂直交叉的金钥匙,在酒店前厅为客人服务。目前,金钥匙已成为世界各国高星级酒店服务水准的形象代表,一个酒店拥有"金钥匙"就可以显示不同凡响的身份,就等于在国际酒店业中获得了一席之地。

二、中国酒店金钥匙会员资格及入会考核标准

1. 基本条件

(1) 在酒店大堂柜台工作的前台部或礼宾部高级职员才能被考虑接纳为金钥匙组织的会员。

(2) 21岁以上,人品优良,相貌端庄。

(3) 从事酒店业5年以上,其中3年必须是在酒店大堂工作,为酒店客人提供服务的。

(4) 有两位中国酒店金钥匙组织正式会员的推荐信。

(5) 一封申请人所在酒店总经理的推荐信。

(6) 过去和现在从事酒店前台服务工作的证明文件。

(7) 掌握一门以上的外语。

(8) 参加过由中国酒店金钥匙组织组织的服务培训。

(9) 通过中国酒店金钥匙组织会员的入会考核标准。

2. 思想素质

(1) 拥护中国共产党和社会主义制度，热爱祖国。

(2) 遵守国家的法律、法规，遵守酒店的规章制度，有高度的组织纪律性。

(3) 敬业乐业，热爱本职工作，有高度的工作责任心。

(4) 有很强的顾客意识、服务意识，乐于助人。

(5) 忠诚于企业，忠诚于顾客，真诚待人，不弄虚作假，有良好的职业操守。

(6) 有协作精神和奉献精神，个人利益服从国家、集体利益。

(7) 谦虚、宽容、积极、进取。

3. 能力要求

(1) 交际能力：乐于和善于与人沟通。

(2) 语言表达能力：表达清晰、准确。

(3) 协调能力：能正确处理好与相关部门的合作关系。

(4) 应变能力：能把握原则，以灵活的方式解决问题。

(5) 身体健康、精神充沛，能适应长时间站立工作和户外工作。

4. 业务知识和技能

(1) 熟练掌握本职工作的操作流程。

(2) 会说普通话，至少掌握一门外语。

(3) 掌握中英文打字、电脑文字处理等技能。

(4) 熟练掌握所在酒店的详细信息资料，包括酒店历史、服务设施、服务时间、价格等。

(5) 熟悉本地区三星级以上酒店的基本情况，包括地点、主要服务设施、特色和价格水平等。

(6) 熟悉所在城市主要旅游景点，包括地点、特色、开放时间和价格等。

(7) 掌握本市高、中、低档的餐厅各5个（小城市3个），娱乐场所、酒吧5个（小城市3个），包括地点、特色、服务时间、业务范围和联系人等。

（8）能帮助客人购买各种交通票，了解售票处的服务时间、业务范围和联系人等。

（9）能帮助客人安排市内旅游，掌握其线路、花费时间、价格、联系人等。

（10）能帮助客人修补物品，包括手表、眼镜、小电器、行李箱、鞋等，掌握这些维修处的地点、服务时间等。

（11）能帮助客人邮寄信件、包裹、快件，了解邮寄事项的要求和手续。

（12）熟悉所在城市的交通状况，掌握从本酒店到火车站、机场、码头、旅游点、主要商业街的路线、路程和出租车价格等。

（13）能帮助外籍客人解决办理签证延期等问题，掌握有关单位的地点、工作时间、联系电话和手续。

（14）能帮助客人查找航班托运行李的去向，掌握相关部门的联系电话和领取行李的手续。

三、"金钥匙"的岗位职责

职业角色：金钥匙。

直接上级：前厅部经理。

直接下属：行李领班。

角色责任：

（1）全面掌握酒店客房状态、餐饮情况以及其他有关信息；

（2）全方位满足住店客人提出的特殊要求，并提供多种服务，如行李服务、安排钟点医务服务、托婴服务、沙龙约会、推荐特色餐馆、导游、导购等，对客人有求必应；

（3）协助大堂副理处理酒店各类投诉；

（4）保持个人的职业形象，以大方得体的仪表、亲切自然的言谈举止迎送抵离酒店的每一位宾客；

（5）检查大厅及其他公共活动区域；

（6）协同保安部对行为不轨的客人进行调查；

（7）对行李员工作活动进行管理和控制，并做好有关记录；

（8）对进、离店客人给予及时关心；

（9）将上级命令、所有重要事件或事情记在行李员、门童交接班本上，每日早晨呈交前厅经理，以便查询；

（10）控制酒店门前车辆活动；

（11）对受前厅部经理委派进行培训的行李员进行指导和训练；

（12）在客人登记注册时，指导每个行李员帮助客人；

（13）与团队协调关系，使团队行李顺利运送；

（14）确保行李房和酒店前厅的卫生清洁；

（15）保证大门外、门内、大厅3个岗位有人值班；

（16）保证行李部服务设备运转正常；随时检查行李车、秤、行李存放架、轮椅。

四、"金钥匙"的素质要求

"金钥匙"要通过其广泛的社会联系和高超的服务技巧，为客人解决各种各样的问题，创造酒店服务的奇迹，因此"金钥匙"必须具备很高的素质。

（1）忠诚。这是国际金钥匙组织对"金钥匙"的最基本要求，即：对客人忠诚，对酒店忠诚，对社会和法律忠诚；遵循"客人至上，服务第一"的宗旨，有敬业、乐业精神。

（2）通晓多种语言。

（3）有热心的品质和丰富的知识。

（4）彬彬有礼，善解人意。

（5）身体强健，精力充沛。

（6）有耐性，热爱本职工作。

（7）处事机智，应变能力强。

（8）能够建立广泛的社会关系和协作网络。

五、"金钥匙"在中国的兴起和发展

"金钥匙"在中国最早出现在广州的白天鹅宾馆。1982年，在白天鹅宾馆建馆之初，在时任副董事长霍英东先生的倡导下，宾馆在前台设置了委托代办服务。此后，宾馆总经理意识到中国酒店业的发展必须与国际惯例和标准接轨，于 1990 年 4 月派人参加了"第一届亚洲金钥匙研讨会"。宾馆委托代办负责人叶世豪于 1993 年率先加入国际"金钥匙"组织，成为中国第一位国际"金钥匙"组织成员。1994 年年初，白天鹅宾馆的"金钥匙"代表向国际"金钥匙"组织提出根据中国国情发展"金钥匙"的有关建议，为"金钥匙"在中国的发展奠定了基础。白天鹅宾馆于 1995 年又派人参加了在悉尼召开的国际"金钥匙"年会，同年 11 月，在全国主要五星级酒店的大力支持和响应下，中国第一届"金钥匙"研讨会在白天鹅宾馆召开。大会探索了一条既符合国际标准，又具有中国特色的委托代办发展之路，同时决定筹建中国委托代办"金钥匙"协会。至此，中国酒店业委托代办的联系网络初步建立。至 1996 年年底，全国已有国际"金钥匙"会员 21 人，其中仅白天鹅就占了 5 名，国际金钥匙组织中国区的首席代表也在白天鹅宾馆。

六、中国酒店金钥匙服务项目

酒店金钥匙提供的是一条龙服务，从客人入住酒店的时刻起，围绕客人住店期间的一切需要而开展。金钥匙提倡个性化服务，他们几乎可以解决客人的一切问题。金钥匙服务范围大，且客人要求随机性强，这就要求酒店对此类服务制定明确的规程，设置专用委托代办登记单，并确定收费标准（一般可参考员工的工资及待遇，但是对于酒店内正常的服务项目及在酒店内能完成的都不应收费）。做好金钥匙服务的关健是与店内外有关单位、个人保持良好的合作关系。

目前，在我国酒店中，金钥匙一般需负责礼宾部的日常管理，除协调行李员、门童、机场代表等的工作外，还开展运送行李、问讯、寻人、邮政、通信、旅游、订房、订餐、订车、订票、订花及其他特殊服务（如美容、按摩等具体服务）。

实训一　寻人服务

一、操作流程

操作流程：主动问候来访客人→了解来访客人寻人需求→填写代办登记单→核对被寻人信息→在公共区域举牌寻找。

二、操作要求

寻人服务操作要求见表8-1。

表8-1　寻人服务操作要求

操作任务	寻人服务
操作时间	实训授课0.5学时，共计20分钟。其中，示范讲解5分钟，学生操作10分钟，考核测试5分钟
操作要求	（1）仪容、仪表、仪态符合职业要求。 （2）熟练掌握酒店公共区域基本知识。 （3）服务用语礼貌，语音适中，发音清楚，说话流利。 （4）应变协调能力强
操作用品	（1）工作台、电话、电脑。 （2）告示板、服务牌、寻人登记单、笔、交接班本
操作方法	（1）示范讲解。 （2）学生两人一组，交互练习。 （3）教师点评并考核
操作步骤与操作标准	（1）实训前 ①准备实训用具，着装整齐，以达到仿真状态。 ②仪表、仪态及礼貌用语练习。 ③对话内容与场景由学生自行提前设计。

续表

操作步骤与操作标准	（2）实训开始 ①主动问候来访客人需求。 ②询问被寻者的姓名、房号、联系电话等基本情况。 ③填写寻人登记单。 ④在电脑中或与总台核对信息无误。 ⑤使用电话与各营业点服务员联系查找，或由行李员戴着白手套，举着写有该住客姓名的专用寻人牌到各公共区域寻找客人，行李员边走边敲铜铃或其他发声装置，以便引起客人的注意，从而找到该客人。 ⑥填写交接班本。 （3）实训结束

三、考核标准

寻人服务考核标准见表8-2。

表8-2 寻人服务操作考核标准

考核内容	考核标准	满分	实际得分
仪容、仪表、仪态	符合职业要求	2	
语言	礼貌、得体，体现专业素养	8	
操作程序	完整、无遗漏和反复	10	
总分		20	

实训二 订车服务

订车服务

一、操作流程

操作流程：了解客人订车需求→确认付款方式→填写客人订车信息→填写出租车征求意见卡→填写交接班记录→行李员核对信息并做好服务。

二、操作要求

订车服务操作要求见表8-3。

表8-3 订车服务操作要求

操作任务	订车服务
操作时间	实训授课0.5学时，共计20分钟。其中，示范讲解5分钟，学生操作10分钟，考核测试5分钟
操作要求	（1）仪容、仪表、仪态符合职业要求。 （2）熟练掌握酒店附近出租车公司的基本服务信息。 （3）服务用语礼貌，语音适中，发音清楚，说话流利。 （4）应变协调能力强
操作用品	（1）工作台、电话。 （2）客人订车信息登记单、出租车征求意见卡、笔、交接班本
操作方法	（1）示范讲解。 （2）学生两人一组，交互练习。 （3）教师点评并考核
操作步骤与操作标准	（1）实训前 ①准备实训用具，着装整齐，以达到仿真状态。 ②仪表、仪态及礼貌用语练习。 ③对话内容与场景由学生自行提前设计。 （2）实训开始 ①接到客人订车要求。 ②记录房号、姓名、目的地、要求时间、单程还是双程、车型等。 ③确定付款方式。 ④联系出租车公司并讲明客人要求。 ⑤问明车号，记下调度姓名，将车牌号写在出租车征求意见卡上，一并交给客人。 ⑥若客人订车到机场、车站，应提醒其是否要乘酒店的免费班车，并问清航班、车次，将用车情况在交班本上做好记录，并通知机场代表。

	续表
操作步骤与操作标准	⑦当出租车到达酒店门口时，行李员应核对车牌号，向司机讲清客人姓名、目的地等，必要时充当客人的翻译，向司机解释其要求。 （3）实训结束

三、考核标准

订车服务操作考核标准见表8-4。

表8-4　订车服务操作考核标准

考核内容	考核标准	满分	实际得分
仪容、仪表、仪态	符合职业要求	2	
语言	礼貌、得体，体现专业素养	8	
操作程序	完整、无遗漏和反复	10	
总分		20	

实训三　转交物品服务

转交物品服务

一、操作流程

操作流程：接收物品→填写登记单→保鲜类物品须即刻送入房间→通知客人→取件→整理核对。

二、操作要求

转交物品服务操作要求。

表 8-5 转交物品服务操作要求

操作任务	转交物品服务
操作时间	实训授课 0.5 学时,共计 20 分钟。其中,示范讲解 5 分钟,学生操作 10 分钟,考核测试 5 分钟
操作要求	(1) 仪容、仪表、仪态符合职业要求。 (2) 熟练掌握安全基本常识。 (3) 服务用语礼貌,语音适中,发音清楚,说话流利。 (4) 应变协调能力强
操作用品	(1) 工作台、电话、电脑。 (2) 转交物品登记表、工作记录本、笔
操作方法	(1) 示范讲解。 (2) 学生两人一组,交互练习。 (3) 教师点评并考核
操作步骤与操作标准	(1) 实训前 ①准备实训用具,着装整齐,以达到仿真状态。 ②仪表、仪态及礼貌用语练习。 ③对话内容与场景由学生自行提前设计。 (2) 实训开始 ①询问留件人及取件人的情况,包括姓名、房号、单位、通信地址、电话号码等,通过电脑核实酒店有无此人,了解物品名称及件数,向客人说明易燃、易爆、易腐烂等物品不予受理。 ②帮助客人逐项填写"转交物品登记表",留件人、经办人均需签名。 ③收到给住客的鲜花、水果、食品,须即刻让行李员送入客房,若有留件人名片应夹在上面。 ④若是给住客转交物品,应及时电话联系,如果客人在房间,即请行李员送入客房;如果客人不在房间,则按留言程序通知客人前来领取。 ⑤取件人来领取物品时应出示相应的证件并签名,若取件人系受他人委托来取件,则应复印其证件备查。 ⑥每班应核对转交物品,通过电脑核对,将转交给即将抵店客人的物品信息输入电脑,保证及时交给客人。对于超过取件日期或长期无人认领的物品,应与留件人或取件人取得联系。 (3) 实训结束

三、考核标准

转交物品服务操作考核标准见表 8-6。

表 8-6 转交物品服务操作考核标准

考核内容	考核标准	满分	实际得分
仪容、仪表、仪态	符合职业要求	2	
语言	礼貌、得体，体现专业素养	8	
操作程序	完整、无遗漏和反复	10	
总分		20	

实训四　旅游服务

旅游服务

一、操作流程

操作流程：了解客人情况→确认付款方式→推荐旅游产品→向旅行社预订→与客人确认详情。

二、操作要求

旅游服务操作要求见表 8-7。

表 8-7 旅游服务操作要求

操作任务	旅游服务
操作时间	实训授课 0.5 学时，共计 20 分钟。其中，示范讲解 5 分钟，学生操作 10 分钟，考核测试 5 分钟
操作要求	（1）仪容、仪表、仪态符合职业要求。 （2）熟练掌握旅游景点、景区基本知识。 （3）服务用语礼貌，语音适中，发音清楚，说话流利。 （4）应变协调能力强

续表

操作用品	（1）工作台、电话。 （2）订票委托单、工作记录本、笔
操作方法	（1）示范讲解。 （2）学生两人一组，交互练习。 （3）教师点评并考核
操作步骤与操作标准	（1）实训前 ①准备实训用具，着装整齐，以达到仿真状态。 ②仪表、仪态及礼貌用语练习。 ③对话内容与场景由学生自行提前设计。 （2）实训开始 ①询问客人的姓名、房号、人数、日期、联系电话、费用预算、旅游意向等基本情况。 ②确定付款方式。 ③向客人推荐2~3个有价值的旅游线路和旅行社。 ④向旅行社打电话作预订。 ⑤清楚地告诉客人乘车地点、时间和费用。 ⑥向客人说明旅游的注意事项。 ⑦所有信息和注意事项都应明确地写在给客人的确认卡上。 （3）实训结束

三、考核标准

旅游服务操作考核标准见表8-8。

表8-8　旅游服务操作考核标准

考核内容	考核标准	满分	实际得分
仪容、仪表、仪态	符合职业要求	2	
语言	礼貌、得体，体现专业素养	8	
操作程序	完整、无遗漏和反复	10	
总分		20	

单元八 "金钥匙"服务

实训五 订票服务

订票服务

一、操作流程

操作流程：了解客人订票要求→介绍航班、车次及票款→填写订票委托单→确定付款方式→取票或送票。

二、操作要求

订票服务操作要求见表8-9。

表8-9 订票服务操作要求

操作任务	订票服务
操作时间	实训授课0.5学时，共计20分钟。其中，示范讲解5分钟，学生操作10分钟，考核测试5分钟
操作要求	(1) 仪容、仪表、仪态符合职业要求。 (2) 熟练掌握旅游票务基本知识。 (3) 服务用语礼貌，语音适中，发音清楚，说话流利。 (4) 应变协调能力强
操作用品	(1) 工作台、电话。 (2) 订票委托单、工作记录本、笔
操作方法	(1) 示范讲解。 (2) 学生两人一组，交互练习。 (3) 教师点评并考核
操作步骤与操作标准	(1) 实训前 ①准备实训用具，着装整齐，以达到仿真状态。 ②仪表、仪态及礼貌用语练习。 ③对话内容与场景由学生自行提前设计。

续表

操作步骤与操作标准	（2）实训开始 ①了解客人订票要求。详细询问客人的要求，包括日期、起点、目的地、服务等级（如火车硬座、硬卧、软卧等，飞机经济舱、头等舱、轮船一等舱、二等舱等）。 ②对机型、时间是否有要求，喜欢什么样的座位（靠通道，还是靠窗），是否有优惠证等。 ③根据情况向客人介绍合适的航班、车次及票款数额，同时向客人讲明服务费标准。对于没有把握的票，要向客人讲明，问明可否买其他航班、车次。 ④填写订票委托单。可请客人填写订票委托单，一式两份；必要的话留下其联系电话、证件复印件，并请客人签名，提示其保存好订票单。 ⑤确定付款方式。若客人用现金预交票款，应在订票单上注明；若由酒店垫付，则应将收据交前厅收银处，记入房账。 ⑥取票、送票。取到票后，应装在酒店专用信封内，并在信封上注明客人姓名、房号、日期、航班车次等，及时通知客人前来取票；收回订票单，将上述信封交给客人核对，并将票款余额、有关收据交给客人。 ⑦若酒店未买到客人所需的票，要及时与客人取得联系、致歉，并向客人说明情况，询问可否订其他航班、车次，尽量给客人以建设性意见。 ⑧对于客人的退票、改签等事宜应参照交通部门的有关规定办理。 （3）实训结束

三、考核标准

订票服务操作考核标准见表 8-10。

表 8-10　订票服务操作考核标准

考核内容	考核标准	满分	实际得分
仪容、仪表、仪态	符合职业要求	2	
语言	礼貌、得体，体现专业素养	8	
操作程序	完整、无遗漏和反复	10	
总分		20	

单元八 "金钥匙"服务

实训六　外修、外购服务

一、操作流程

操作流程：接受客人外修、外购服务请求→记录客人的要求→收取预付款→外出为客人代办→服务完毕将物品交礼宾台签收→电话通知客人→当客人要求无法完成时应及时通知客人→填写交接班记录。

二、操作要求

外修、外购服务操作要求见表8-11。

表8-11　外修、外购服务操作要求

操作任务	外修、外购服务
操作时间	实训授课0.5学时，共计20分钟。其中，示范讲解5分钟，学生操作10分钟，考核测试5分钟
操作要求	（1）仪容、仪表、仪态符合职业要求。 （2）熟练掌握安全基本常识。 （3）服务用语礼貌，语音适中，发音清楚，说话流利。 （4）应变协调能力强
操作用品	（1）工作台、电话。 （2）委托服务代办单、工作记录本、笔
操作方法	（1）示范讲解。 （2）学生两人一组，交互练习。 （3）教师点评并考核
操作步骤与操作标准	（1）实训前 ①准备实训用具，着装整齐，以达到仿真状态。 ②仪表、仪态及礼貌用语练习。 ③对话内容与场景由学生自行提前设计。 （2）实训开始 ①行李员应详细问清外修、外购物品的名称、品牌、规格、损坏程度及部位、服务时限。

续表

操作步骤与 操作标准	②说明维修费、服务费标准，收取预付款。 ③填写委托服务代办单，一联交给客人，一联给外出代办的行李员，一联留存。 ④外出为客人代办。 ⑤若其在房间，可请行李员将物品送至客房，物品、单据、费用余额交接清楚；若客人不在房间，可按"留言"程序通知客人前来领取。 ⑥当客人要求无法完成时，应及时通知客人。 ⑦填写交接班记录。 （3）实训结束

三、考核标准

外修、外购服务操作考核标准见表8-12。

表8-12 外修、外购服务操作考核标准

考核内容	考核标准	满分	实际得分
仪容、仪表、仪态	符合职业要求	2	
语言	礼貌、得体，体现专业素养	8	
操作程序	完整、无遗漏和反复	10	
总分		20	

课后练习

一、选择题

1. 我国金钥匙的服务项目一般不包括（　　）。
A. 接送服务　　B. 订餐服务　　C. 快递服务　　D. 结账服务
2. 金钥匙组织最先成立于（　　）。
A. 法国　　　　B. 德国　　　　C. 美国　　　　D. 英国
3. 我国第一位获得金钥匙资格的酒店从业人员是（　　）。
A. 陈军　　　　B. 叶世豪　　　C. 董竹君　　　D. 霍英东
4. 一般情况下，高星级酒店提供"金钥匙"服务的机构可以是（　　）。
A. 保安部　　　B. 餐饮部　　　C. 礼宾部　　　D. 营销部
5. "金钥匙之父"是（　　）。

A. 里兹·卡尔顿　　　　　　B. 斯塔特勒
C. 希尔顿　　　　　　　　　D. 费迪南德·吉列特

二、思考题

1. 你是如何理解"金钥匙"服务的？
2. 酒店一住客在退房时将一包物品交给你，要求你转交给他的朋友，并说其朋友明天会取这包东西，你应如何处理？
3. 客人要求你代办某事项时，你会如何处理？
4. 当客人交给我们的代办事项经努力仍无法完成时，怎么办？

三、案例分析

某日晚上，酒店金钥匙小李像往常一样值夜班。深夜1点半的时候，客房中心打来电话，说住在709房间的客人需要代办服务，要代买药品。接到通知后，小李感到事情不同寻常：一是深夜要求买药，多半说明情况比较紧急；二是客人要求代办，有可能是客人自己的情况。随后，小李拨通了房间的电话，简单相互沟通之后，得知客人姓钟，上海人，这次是来出差的，从下午开始感觉不太舒服，到现在仍不见好转，估计有点发低烧，希望酒店帮助买点退烧的药。

客人生病的情况，不能简简单单地按照客人的要求买药交给客人就算了。更何况作为特殊商品的药品，不能随随便便为客人购买，毕竟服务人员不是医生，而客人自己也不是医生。按照钟先生叙述的情况，小李建议陪同他到酒店附近的医院看病，路程不远，而且是本市一流的医院，这样能得到医生的意见，得到医院的治疗，有利于病情的恢复。钟先生很快接受了建议。

到医院后，由于是深夜，只有值班医生。医生了解了钟先生的病情后，发现他的情况比较复杂。钟先生本身有多年的糖尿病史，并且身体属于一种非常敏感的体质，许多药品都不能使用，否则容易危及生命。但由于有些药品只能在白班时才能取到，所以只能做临时处理，到白天再正常就医。而根据钟先生的这种情况，现在不能为他用任何药品，最好的办法就是保持休息，多喝水，密切观察。

在医生的建议下小李和钟先生又回到酒店。按照医生的嘱咐，小李为钟先生准备了温水，并且特别提醒钟先生一旦情况变化，请立即拨打金钥匙的电话，将自己的电话留给了钟先生。

第二天上午，可能是因为充分的休息，再次见到钟先生的时候，他的气色已经好多了……

请分析：案例中金钥匙小李的哪些做法值得提倡？

单元九　大堂副理服务

📁 学习目标

1. 了解大堂副理工作、素质要求和岗位职责。
2. 掌握大堂副理工作权限。
3. 了解突发事件的处理步骤。
4. 掌握宾客沟通技巧。
5. 学会处理客人投诉。
6. 掌握失物招领程序。

一、大堂副理工作简介

设置大堂副理是国内酒店组织结构中的一个特点。从目前酒店业对大堂副理的定义来看，大堂副理可以理解为受总经理委托并代替总经理处理客人对酒店一切设备、设施、人员、服务等方面的投诉，监督各部门的运作，协调各部门的关系，保证酒店以正常的秩序向宾客提供优质服务的酒店中层管理人员。有些酒店把大堂副理称作值班经理，也有酒店称其为宾客服务经理。另外，有的酒店还设有宾客关系主任岗位。宾客关系主任是一些大型豪华酒店设立的专门用来建立和维护良好宾客关系的岗位。宾客关系主任直接向大堂副理或值班经理负责，他要与客人建立良好的关系，协助大堂副理欢迎贵宾以及安排团队客人临时性的特别要求。

二、大堂副理素质要求和岗位职责

(一) 素质要求

(1) 热爱酒店。

(2) 以身作则，敬业乐业，作风正派。

(3) 拥有与客人沟通的语言能力（至少一门外语），社会经验丰富，有较强的口头及书面表达能力。

(4) 有较强的酒店意识、整体管理意识、公关意识、整体销售意识和培训意识。

(5) 了解各部门的运作程序。

(6) 掌握一些本市历史、游乐场所、购物及饮食场所的有关事项。

(7) 了解一些主要国家的风土人情。

(8) 有一定的法律知识。

(9) 有较强的自我控制能力，处事不惊，不卑不亢。

(10) 有较强的判断、分析、处理问题的能力，思维敏捷，意思表达准确。

(11) 有敏锐的观察力，对问题的发展有预见性。

(二) 工作职责

(1) 代表总经理接受及处理酒店客人对店内所有部门和地区（包括个人）的一切投诉，听取宾客的各类意见和建议。

(2) 会同有关部门处理宾客在酒店内发生的意外事故（伤亡、凶杀、火警、失窃、自然灾害）。

(3) 解答客人的咨询，向客人提供必要的帮助和服务（报失、报警、寻人、寻物）。

(4) 维护宾客安全（制止吸毒、嫖娼、卖淫、赌博、玩危险游戏、酗酒、房客之间的纠纷等）。

(5) 维护酒店利益（索赔、催收）。

(6) 收集客人意见并及时向总经理及有关部门反映。

(7) 维护大堂及附近公共区域的秩序和环境的整洁。

(8) 督导、检查大堂工作人员的工作情况及遵守纪律情况（前台、财务、保安、管家、绿化、餐饮、动力、汽车等人员）。

（9）协助总经理或代表总经理接待好VIP客人和商务楼层客人。

（10）夜班承担酒店值班总经理的部分工作，若遇特殊、紧急情况需及时向上级汇报。

（11）向客人介绍并推销酒店的各项服务。

（12）发现酒店内部管理出现的问题，应向酒店最高层提出解决意见。

（13）协助各部维系酒店与VIP客人、熟客、商务客人的良好关系。

（14）负责督导高额账务的催收工作。

（15）定期探访各类重要客人，听取意见，并整理好相关资料呈送总经理室。

（16）完成总经理及前台经理临时指派的各项工作。

（17）参与前台部的内部管理。

三、大堂副理工作权限

（1）在接手处理每个具体事件或执行某项具体工作时，可对有关部门提出管理要求。若遇特殊情况，需请示当值总经理或与有关部门协商后再进行处理，并按总经理或各有关部门签发的各项管理规定执行。

（2）在日常工作中可对各部违纪当事员工（主管以下）提出口头批评、警告，发过失通知书，扣罚薪金，直至建议人事培训部给予停职或除名处分；对违章违纪的经理助理以上人员，可将有关事实呈报总经理及人事培训部酌情处理。

（3）拒绝以下客人住宿：患病者、酗酒滋事者、租金无法支付者、蛮不讲理者、不按规定办理登记手续者、带宠物进入房间者以及其他违反旅馆住宿规定者。

四、突发事件的处理步骤

（一）火警

（1）发生火警，应马上弄清事发地点、火势、燃烧物并与消防中心联系。

（2）确认火警的真实性，并报告当值总经理及前台经理。

（3）如确实出现火情，应视情况组织疏散客人。

（4）劝阻客人使用电梯。

（5）协助消防中心、经理执行酒店灭火程序。

（二）住客伤亡

（1）第一时间通知医务人员到场，并报当值总经理、前台经理和保安部。

（2）协助、组织保安人员封锁现场。

（3）协助医务人员工作。

（4）协助保安人员带引搬迁伤亡者的医务人员行走避开客人的路线。

（5）通知、安抚伤亡者家属。

（6）协助有关部门办理相关手续。

（三）停电

（1）查询工程部确认并弄清停电情况。

（2）立即报前台部经理及总经理。

（3）留一人在大堂维持秩序，回答客人的电话查询，向客人做好解释工作。

（4）疏散电梯口的人群。

（5）另外一人则携带对讲机巡查其他公共场所，发现问题及时处理，并做好记录。

（6）随时与各部保持联系，了解情况进展，直到电力恢复正常为止。

（四）台风暴雨

（1）接到台风暴雨或发现台风暴雨来临时，应马上通知各有关部门做好防范准备工作。

（2）报告前台部经理及总经理。

（3）检查各项防范工作落实情况。

（4）解答客人因此而提出的问题。

（5）加强巡查酒店各关健部位。

五、与宾客沟通技巧

随着人们消费品位的提高，现代酒店的服务模式正逐步由规范化、标准化向个性化发展。服务个性化是 21 世纪酒店业成功的关键。个性化的服务是一种非制度化、非规范化的服务，它更依赖于员工的服务意识。服务意识是酒店业工作的灵魂，员工服务意识的强弱使酒店档次拉开了差距，"做在客人要求之前"和"无微不至"是超豪华酒店的服务精神。可以说"各尽其能"只是代表酒店的主观愿望，"各取所需"才能使所有宾客满意。而在酒店的服务中要了解客人的需求，则离不开员工与客人的交流。素有"酒店门面"之称的前厅部所面向的服务对象是活生生的人，那么应该如何在服务过程中与客人进行良好的沟通，在语言、动作、表情中融入感情色彩，提供一种更细致的个性化服务？

（一）了解与宾客交流的必要性

（1）社会需要是人的基本需要之一，当客人在酒店中满足了各种基本需求之后，很自然地会产生社交的需求，希望得到别人的关怀和爱护。如今许多酒店都提出了"在店似家"的服务口号，但是如果服务员只知道工作程序，忽视了与宾客的交流，甚至与宾客打招呼也是匆匆忙忙，如同完成任务，那么这样的酒店很难给宾客留下深刻的印象。

（2）与宾客交流有助于对宾客实施针对性的服务。

有些餐饮企业在设计服务程序时，不重形式重本质，深受宾客欢迎。在服务中，服务员细心倾听客人谈话，从中发现服务需求，如在寻医问药、列车时刻、公路里程、路线向导、地方小吃、口味嗜好、景区优惠等方面，尽自己所能帮助宾客解决困难问题。这种服务往往超出客人所料，让客人非常感激，离开时赞不绝口。

（3）客人渴望了解旅游目的地，其有信息交流、情感交流和文化交流的愿望。因此，服务员在旅客眼里也是当地文化的一种代表。在为客人服务时，客人可能向服务员询问一些有关当地风土人情、景点景区、特色产品、名人佳话的问题。此时，如果服务员能趁机向客人介绍本地和本店的产品、商品、旅游线路，在交流过程中自然实现推销目的，从而增加酒店收入，不仅可以节省客人时间，还能提高酒店的服务效率。通过交流，能够及时地了解客人的需求、喜好，建立完善的客史档案，在为客人提供标准化服务的基础上提供个性化服务。

（二）要有与客人交流应具备的基本素质

1. 酒店员工自身必须具备较高的素质，较广博的知识

客人与员工交流是对员工素质的一种检验。如酒店前厅部根据员工自身的特点，在培训中调节员工的知识结构，除了正常的业务培训外，还要求服务人员要有快速更新和掌握相关知识的能力，包括当地的气候、旅游动态、商务动态、航班信息等等。这样，在给客人提供咨询服务时才能做到有的放矢，取得

单元九 大堂副理服务

良好的效果。

2. 酒店员工必须具备一定的应变能力

不同的客人有不同的性格，而不同性格的客人有不同的旅游行为。酒店员工理应"见什么人说什么话""想客人之所想，急客人之所急"，即从客人的言行出发，随机应变，通过察言观色来决定自身的言行。

3. 员工要有良好的服务意识

作为一线员工，服务意识是极为重要的，员工一定要有角色换位意识和强烈的宾客第一意识，以客人的感受、客人的需求向客人提供所需的服务。如风尘仆仆的客人进入前厅登记入住，此时总台的接待员以热情的态度、温暖的话语迅速为客人办理手续，并根据客人的需要为他选择一间舒适的客房，这样的服务一定会使客人满意。作为酒店员工，只有站在客人的立场上，才能理解自己的工作价值。通过交流了解宾客的需求，自然就会向客人提供热情、周到、礼貌、快捷的优质服务。

（三）要了解与客交流中应该注意的问题

1. 交流应注意适度

由于员工的素质参差不齐，对客人交流难免出现过火的现象，甚至有的服务员不能把握与宾客交流的度，结果反而被客人投诉。如某酒店有位常客，楼层服务员与其也较为熟悉，服务员打扫房间时，一推门看见是他，就开玩笑地说："早知道是你在这里，我就不来打扫了。"这句话引起了客人的不快与不满，向经理投诉服务员不尊重他。由此可见，与客人交流时要有一个合适的尺度。

2. 运用多种交流方式

有的员工将交流与交谈混淆，以为与宾客交流就是想办法与宾客多说话。其实交流的形式是很多的，有时一个眼神、一个动作都包含了无穷的信息。并不是每一位宾客都愿意和服务员交谈，有些客人是在有需求时才找服务员帮助解决。而服务员应替客人想在前，服务在前。例如，通过客史档案我们了解到有位长住日本的客人比较喜欢喝威士忌加冰块，喜欢在房间上网。当接到客人的预订时，我们提前通知客房服务台在客人房间配上洋酒和冰块，并把网线接好。这样这位客人入住后就能感觉到酒店服务的周到。

另外，酒店根据客人的需求建立客史档案，凡是入住过的客人，再次入住时只需在登记单上签名即可，服务员会根据客户档案的要求安排好客人的一切。

此外，在沟通中准确理解客人的身体语言也非常重要。而酒店一线员工最大的问题往往就是不能读懂客人的身体语言，不能了解客人的感受，更不懂如何正确地应对。这些情况在我们不熟悉的西方国家客人的身体语言上，表现得尤为严重。现实中更复杂的问题是：客人不会轻易说出他们的感受。酒店服务人员只有善于观察，长期积累，才能正确接收到客人的无声信息。有时，即使不明白客人的意思，但以积极、关注的态度去对待也是非常重要的。从客人的身体语言中，有经验的服务员可以感受到各种感情的变化，一一对应地提供适当的服务。在酒店餐厅，我们经常看到这样的情景：客人不得不以打手势、拍桌子，甚至大声吆喝的方式引起服务员的注意。其实，服务员只要拥有一些非常简单而又无声的身体语言知识，就完全可以避免这种问题的出现。

（四）在与宾客沟通中，注意服务语言的使用

服务语言是酒店与客人之间联系的纽带，是沟通的工具。目前，在各种消费场所里，特别是宾馆酒店，存在一个共同的问题，就是服务人员不具备语言的应变能力，经常使用机械不变的服务语言，千篇一律，毫无个性，生硬冰冷，不带任何感情色彩，见客人都是"您好""欢迎光临"，不会根据具体情况婉转灵活，不懂得使用一些模糊、委婉的修辞手法应付一些特殊的情况，完全显示不出服务语言的特色，使客人感到太谦卑或太形式化，无法真正满意。

在这种情况之下，酒店需要提倡特色化的服务语言，抛弃千篇一律的表达方式，显示出个性化服务，使客人得到意想不到的惊喜。特色化的服务语言无法用一种标准或规则去概括与描绘，它要求服务人员在简单重复的表达中显示出自己的内涵，不但能满足客人提出的需求，还能挖掘客人未想到但可能存在的需求，从服务的深度和广度上给客人带来愉悦。

实训一 处理客人投诉

处理客人投诉

一、操作流程

操作流程：立即处理→仔细聆听→感觉就是事实→道歉→解决问题→让客人愉悦→跟进→确保客人满意处理结果。

二、操作要求

处理客人投诉操作要求见表 9-1。

表 9-1 处理客人投诉操作要求

操作任务	处理客人投诉
操作时间	实训授课 0.5 学时，共计 20 分钟。其中，示范讲解 5 分钟，学生操作 10 分钟，考核测试 5 分钟
操作要求	（1）仪容、仪表、仪态符合职业要求。 （2）熟练掌握酒店基本知识。 （3）服务用语礼貌，语音适中，发音清楚，说话流利。 （4）应变协调能力强
操作用品	（1）大堂副理桌椅。 （2）大堂副理工作记录本、笔。 （3）装有酒店管理软件的电脑、打印机一套/组
操作方法	（1）示范讲解。 （2）学生两人一组，交互练习。 （3）教师点评并考核
操作步骤与操作标准	（1）实训前 ①准备实训用具，着装整齐，以达到仿真状态。 ②仪表、仪态及礼貌用语练习。 ③对话内容与场景由学生自行提前设计。 （2）实训开始 ①停下手中的工作马上面对客人，保持目光接触，最好将客人安置在独立空间，如果事态无法控制，及时通报上级。 ②不要打断客人，不要试图解释，耐心听完客人讲述，倾听事实，听感受，并作必要记录。 ③表示歉意。道歉不是盲目承认错误，而是要表示我们对客人的关心和关注，不要试图找借口掩盖事实。 ④立即采取行动，可说"请稍候，我马上回来"或"我会马上告诉您我们的处理方案"。 ⑤有时问题不能马上解决，应准备相应的材料给相关部门处理；跟进投诉的解决情况，告知客人投诉解决的进程和结果。

续表

操作步骤与操作标准	⑥提供解决问题的方案，不要承诺不可能完成的事情。 ⑦感谢客人将问题提出，并对给客人造成的不便表示歉意。如果必要，准备道歉信或送水果等物品表示歉意。 ⑧与客人联系，确认客人满意我们的处理结果。 ⑨输入客史资料。 ⑩在交班本上写明投诉经过和处理结果。 （3）实训结束

三、考核标准

处理客人投诉操作考核标准见表9-2。

表9-2 处理客人投诉操作考核标准

考核内容	考核标准	满分	实际得分
仪容、仪表、仪态	符合职业要求	1	
语言	礼貌、得体，体现专业素养	6	
电脑操作	信息录入完整、准确	3	
操作程序	完整、无遗漏和反复	10	
总分		20	

实 训 二　失 物 招 领 程 序

失物招领程序

一、操作流程

操作流程：客人查询有关丢失物品→记录细节→查询失物→失物找到的处理程序/失物未找到的处理程序→登记备案。

单元九 大堂副理服务

二、操作要求

失物招领程序操作要求见表9-3。

表9-3 失物招领程序操作要求

操作任务	失物招领程序
操作时间	实训授课0.5学时，共计20分钟。其中，示范讲解5分钟，学生操作10分钟，考核测试5分钟
操作要求	（1）仪容、仪表、仪态符合职业要求。 （2）熟练掌握酒店基本知识。 （3）服务用语礼貌，语音适中，发音清楚，说话流利。 （4）应变协调能力强
操作用品	（1）大堂副理桌椅。 （2）大堂副理工作记录本、笔、失物招领表。 （3）装有酒店管理软件的电脑、打印机一套/组
操作方法	（1）示范讲解。 （2）学生两人一组，交互练习。 （3）教师点评并考核
操作步骤与操作标准	（1）实训前 ①准备实训用具，着装整齐，以达到仿真状态。 ②仪表、仪态及礼貌用语练习。 ③对话内容与场景由学生自行提前设计。 （2）实训开始 ①当客人前来查询有关丢失物品时，应与客人进行目光接触。 ②认真倾听并记下细节。 住店客人：房号、丢失物品的时间、物品的位置、物品的描述。 已离店客人：退房的时间、房号、丢失物品的时间、物品的位置、物品的描述、客人地址和联系电话等。 ③致电客房部查询失物，贵重物品查询服务经理。 ④如果失物找到。 住店客人：与客人再次确认失物的详细描述，确保物归原主；请客人在失物招领单上签字并复印客人身份证。

183

续表

操作步骤与操作标准	已结账客人：如果客人亲自回来取失物，在前台的交班本上记录下此事件，包括物品的描述，客人的信息，并通知客房部和服务中心。 如果客人让其他人代领，应要求客人亲自写一份授权书，内容包括：客人姓名、证件号码、被授权人的姓名和证件号码、授权细节声明、客人签名，并将授权传真提前发至酒店，被授权人应带身份证前往领取失物；如果要求酒店将物品寄回，首先告知客人贵重物品不可邮寄，以防在途中丢失，如果客人坚持邮寄，邮寄费应由客人承担，要求客人将邮寄授权书传真给酒店，简单说明对失物的描述、邮寄地址、承担邮费、签名等，填写遗留物品登记表。 ⑤如果失物未找到，应向客人道歉并说明："我们会将这些情况汇报给值班经理继续跟进此事，一旦找到失物，会立即与您联系。" ⑥记录客人详细的资料：姓名、地址、电话，并填写一份详细的失物招领表。 （3）实训结束

三、考核标准

失物招领程序操作考核标准见表9-4。

表9-4 失物招领程序操作考核标准

考核内容	考核标准	满分	实际得分
仪容、仪表、仪态	符合职业要求	1	
语言	礼貌、得体，体现专业素养	6	
电脑操作	信息录入完整、准确	3	
操作程序	完整、无遗漏和反复	10	
总分		20	

课后练习

一、选择题

1.《酒店星级的划分与评定》中针对五星级酒店前厅部规定，应有专职人员处理宾客关系，（　　）在岗服务。

单元九　大堂副理服务

A. 18小时　　　　B. 24小时　　　　C. 16小时　　　　D. 12小时

2. 酒店对客人的投诉一般由（　　）负责。

A. 前厅经理　　　B. 前厅服务员　　C. 大堂副理　　　D. 客房服务员

3. 如果客人提出的要求及某些问题超出了自己的权限，应（　　）。

A. 及时为客人办好　B. 及时请示上级　C. 婉言谢绝　　　D. 不予理睬

4. 解决客人投诉最积极有效的方法是（　　）。

A. 让客人"降温"　B. 使用替代方法　C. 果断地解决问题　D. 不予理睬

5. 下列判断错误的是（　　）。

A. 与客人建立亲密关系，是争取"回头客"的有效手段

B. 建立安全控制点，加强安全控制点的管理是做好安全管理的关键

C. 大胆地使用自己的权力，果断地处理问题是解决客人投诉的关键

D. 处理客人投诉时服务员要完全站在维护酒店的利益上

二、思考题

1. 工作中，遇到刁难人的客人怎么办？

2. 客人在大堂走廊不小心摔倒时怎么办？

3. 在服务中，自己心情欠佳时怎么办？

4. 一对夫妇在前台办理入住登记手续时，他们的两个孩子却在大堂内大声喧哗、追逐，作为大堂副理应如何处理？

5. 当大堂副理遇到下属与客人争吵时应如何处理？

三、案例分析

某天中午，一男子赤身裸体出现在某酒店大堂电梯口处，该男子看起来神智不清，口中还念叨着"观音菩萨，我快升天"之类的话语，幸好当时大堂客人较少并未造成太大的影响。（注：该男子为住店客人，刚刚吸完毒。）

请分析：正在前台办公的大堂副理应如何处理？

单元十　商务中心服务

学习目标

1. 掌握商务中心的岗位职责、主要服务项目、环境要求、配备的设备及用品。
2. 能够代客复印、打字。
3. 能够接收、发送传真。
4. 了解翻译服务。
5. 了解会议室租用服务。

一、商务中心的岗位职责

（一）商务中心主管的职责

（1）对前厅部经理负责，以身作则，带领员工提供优质服务。

（2）制定本班组的规章制度并完善操作程序，做好下属员工的评估、考核工作。

（3）检查、督促员工严格执行安全及商务信息保密制度。

（4）制订每月培训计划，不断提高员工的服务意识和业务技能。

（5）统计每月营业收入，控制商务中心的费用支出。

（6）密切与维修单位合作，定期检修和保养设备，保证设备正常运行。

（7）与熟客保持经常联系，主动征求他们的意见，不断改进工作方法。

（8）调查并处理涉及本组工作客人的意见。

（9）合理安排员工班次。

（10）完成前厅部经理临时委派的工作。

（二）商务中心文员的职责

（1）热情礼貌，随时为客人提供传真、电话、复印、打印、代办翻译、上网、会议室等商务服务。

（2）回答客人有关商务服务的各种问题。

（3）当班时妥善使用设备，注意维护，确保各种设备运作正常，发现故障及时联系维修。

（4）做好卫生，保持商务中心宣传架、报架、书架、工作台整洁。

（5）完成上级安排的其他工作。

二、商务中心的主要服务项目

商务中心提供的主要服务项目有：打字、复印、长途电话、传真、抄写、文件核对、听写（会议记录）、代办邮件、翻译（多种语言）等。此外，有些酒店还提供文秘服务、会议室出租、托运、代办交通票、旅游服务等多种商务服务，甚至还为客人提供各种商业信息查询，根据客人的需要与外贸部门、公司单位等联系，安排业务会晤等工作。

三、商务中心的环境要求

商务中心要具有安静、隔音、优雅、舒适、干净等特点，使整个环境令人赏心悦目，这也是保持客人和服务人员良好精神状态的一个重要方面。

四、商务中心配备的设备及用品

商务中心配备的设备及用品包括：传真机，多功能复印机，扫描仪，电脑及打印机，程控直拨电话机，装订机及配套用品，口述录音机，碎纸机，商用辅助工具，计算器和其他办公用品，一定数量的办公桌椅和休息沙发，一定数量的供客人查询用的商务报刊、指南、资料、车船时刻表和其他信息等。

实训一　代客复印

代客复印

一、操作流程

操作流程：接收文件→复印文件→请客人核对→账务处理→登记。

二、操作要求

代客复印操作要求见表10-1。

表10-1　代客复印操作要求

操作任务	代客复印
操作时间	实训授课0.5学时，共计20分钟。其中，示范讲解5分钟，学生操作10分钟，考核测试5分钟
操作要求	（1）仪容、仪表、仪态符合职业要求。 （2）熟练掌握商务中心基本知识。 （3）服务用语礼貌，语音适中，发音清楚，说话流利。 （4）应变协调能力强
操作用品	（1）复印机、复印纸。 （2）欢迎卡、钥匙、账单、少量现金、商务中心营业报表、复印用资料、装订机、笔。 （3）装有酒店管理软件的电脑、打印机一套/组
操作方法	（1）示范讲解。 （2）学生两人一组，交互练习。 （3）教师点评并考核

续表

操作步骤与操作标准	（1）实训前 ①准备实训用具，着装整齐，以达到仿真状态。 ②仪表、仪态及礼貌用语练习。 ③对话内容与场景由学生自行提前设计。 （2）实训开始 ①客人来商务中心要求复印时，应主动招呼客人，详细了解客人复印要求（用什么规格的纸张，原样、放大还是缩小，复印份数等）。 ②核对客人复印文件，包括张数、型号及规格等。 ③复印操作：将复印机调试到最佳状态开始复印，尽可能使复印件与原件相同；按客人要求复印。 ④复印完毕，清点张数，查看有无失误。 ⑤若客人复印后要求按文件原顺序规格装订，应满足要求。 ⑥请客人验收，是否符合要求，若不符合要求则重新复印。 ⑦按规定价格计算费用，询问客人结账方式，办理结账手续。 ⑧复印结束应在"商务中心营业报表"中登记。 （3）实训结束

三、考核标准

代客复印操作考核标准见表10-2。

表10-2　代客复印操作考核标准

考核内容	考核标准	满分	实际得分
仪容、仪表、仪态	符合职业要求	1	
语言	礼貌、得体，体现专业素养	4	
电脑操作	信息录入完整、准确	5	
操作程序	完整、无遗漏和反复	10	
总分		20	

实训二 代客打字

代客打字

一、操作流程

操作流程：接收文件→核对信息→打印文稿→请客人校对→财务处→登记。

二、操作要求

代客打字操作要求见表10-3。

表10-3 代客打字操作要求

操作任务	代客打字
操作时间	实训授课0.5学时，共计20分钟。其中，示范讲解5分钟，学生操作10分钟，考核测试5分钟
操作要求	（1）仪容、仪表、仪态符合职业要求。 （2）熟练掌握商务中心基本知识。 （3）服务用语礼貌，语音适中，发音清楚，说话流利。 （4）应变协调能力强
操作用品	（1）欢迎卡、钥匙、账单、少量现金、商务中心营业报表、打印用资料、装订机、笔。 （2）装有酒店管理软件的电脑、打印机一套/组
操作方法	（1）示范讲解。 （2）学生两人一组，交互练习。 （3）教师点评并考核
操作步骤与操作标准	（1）实训前 ①准备实训用具，着装整齐，以达到仿真状态。 ②仪表、仪态及礼貌用语练习。 ③对话内容与场景由学生自行提前设计。

续表

操作步骤与操作标准	（2）实训开始 ①客人来商务中心要求提供打字服务时，应主动问候客人，按要求受理此项服务。 ②接过客人的稿件时要问清客人要求（字体、格式、有何特殊要求等），浏览核对原稿有无不清楚的地方。 ③告诉客人最快的交件时间。 ④记录客人的姓名、联系电话、房号等。 ⑤一般要求打印文稿，每分钟打60字以上；打印时必须将每一份文件临时存盘。 ⑥初稿出来后，对照原稿检查有无差错，核对一遍。 ⑦通知客人取件。 ⑧请客人亲自核对，询问有无改动；若有改动，则修改后再检查，以保正确。 ⑨将打印好的文件交给客人，按规定价格办理结账手续。 ⑩打印结束应在"商务中心营业报表"中登记。 （3）实训结束

三、考核标准

代客打字操作考核标准见表10-4。

表10-4 代客打字操作考核标准

考核内容	考核标准	满分	实际得分
仪容、仪表、仪态	符合职业要求	1	
语言	礼貌、得体，体现专业素养	4	
电脑操作	信息录入完整、准确	5	
操作程序	完整、无遗漏和反复	10	
总分		20	

实训三 接收传真服务

一、操作流程

操作流程：收到传真→分类→查找客人→通知取件→账务处理→登记。

二、操作要求

接收传真服务操作要求见表10-5。

表10-5 接收传真服务操作要求

操作任务	接收传真服务
操作时间	实训授课0.5学时，共计20分钟。其中，示范讲解5分钟，学生操作10分钟，考核测试5分钟
操作要求	（1）仪容、仪表、仪态符合职业要求。 （2）熟练掌握商务中心基本知识。 （3）服务用语礼貌，语音适中，发音清楚，说话流利。 （4）应变协调能力强
操作用品	（1）欢迎卡、钥匙、账单、少量现金、商务中心营业报表、传真用资料、装订机、笔。 （2）装有酒店管理软件的电脑、打印机一套/组
操作方法	（1）示范讲解。 （2）学生两人一组，交互练习。 （3）教师点评并考核
操作步骤与操作标准	（1）实训前 ①准备实训用具，着装整齐，以达到仿真状态。 ②仪表、仪态及礼貌用语练习。 ③对话内容与场景由学生自行提前设计。

续表

操作步骤与操作标准	（2）实训开始 ①服务人员收到传真，要将传真分为住店客人、店外客人、内部传真等几类。 ②根据收件人姓名在电脑中查询，查到后做电话留言通知住店客人领取。 ③凡属非住店客人，可根据传真上提供的信息，电话通知收件人速来领取。 ④若遇传真不清，找不到接收者，宜保留至少半个月，每日每班查找，做好客人前来查询的准备工作；若过期无人来查询，则集中处理。 ⑤准确计算页数，收取费用，按酒店标准填写收费单。 ⑥记录通知客人情况并注明通知时间。 ⑦当客人来取件时，按标准结账。 ⑧最后应在"商务中心营业报表"中登记。 （3）实训结束

三、考核标准

接收传真服务操作考核标准见表10-6。

表10-6　接收传真服务操作考核标准

考核内容	考核标准	满分	实际得分
仪容、仪表、仪态	符合职业要求	1	
语言	礼貌、得体，体现专业素养	4	
电脑操作	信息录入完整、准确	5	
操作程序	完整、无遗漏和反复	10	
总分		20	

实训四 发送传真服务

一、操作流程

操作流程：接收传真件→发送传真→监控传送状况→打出发送报告→账务处理→登记。

二、操作要求

发送传真服务操作要求见表10-7。

表10-7 发送传真服务操作要求

操作任务	发送传真服务
操作时间	实训授课0.5学时，共计20分钟。其中，示范讲解5分钟，学生操作10分钟，考核测试5分钟
操作要求	（1）仪容、仪表、仪态符合职业要求。 （2）熟练掌握商务中心基本知识。 （3）服务用语礼貌，语音适中，发音清楚，说话流利。 （4）应变协调能力强
操作用品	（1）复印机、复印纸。 （2）欢迎卡、钥匙、账单、少量现金、商务中心营业报表、传真用资料、装订机、笔。 （3）装有酒店管理软件的电脑、打印机一套/组
操作方法	（1）示范讲解。 （2）学生两人一组，交互练习。 （3）教师点评并考核

续表

操作步骤与操作标准	（1）实训前 ①准备实训用具，着装整齐，以达到仿真状态。 ②仪表、仪态及礼貌用语练习。 ③对话内容与场景由学生自行提前设计。 （2）实训开始 ①客人来商务中心要求发送传真时，应主动招呼客人，接收将要发送的传真稿件，检查传真件是否符合发送要求，详细了解客人传真要求（传真份数、地点等）。 ②看清传真件上的传真号码，若有不清楚的地方应问清客人。 ③发送传真：将传真号码输入传真机，并与客人原稿上的号码仔细核对，确认无误后，再发送；若遇占线，重复拨号或启用自动拨号装置。 ④监视传真发送状况，若有异常情况，及时调整与补救。 ⑤发送完成后，打出发送情况报告，查看时间。 ⑥将传真原件交还客人，按规定价格计算费用，询问客人结账方式，办理结账手续。 ⑦最后应在"商务中心营业报表"中登记。 （3）实训结束

三、考核标准

发送传真服务操作考核标准见表10-8。

表10-8 发送传真服务操作考核标准

考核内容	考核标准	满分	实际得分
仪容、仪表、仪态	符合职业要求	1	
语言	礼貌、得体、体现专业素养	4	
电脑操作	信息录入完整、准确	5	
操作程序	完整、无遗漏和反复	10	
总分		20	

实训五　翻译服务

翻译服务

一、操作流程

操作流程：聆听客人要求→委托翻译公司→取件→账务处理→登记。

二、操作要求

翻译服务操作要求见表10-9。

表10-9　翻译服务操作要求

操作任务	翻译服务
操作时间	实训授课0.5学时，共计20分钟。其中，示范讲解5分钟，学生操作10分钟，考核测试5分钟
操作要求	（1）仪容、仪表、仪态符合职业要求。 （2）熟练掌握商务中心基本知识。 （3）服务用语礼貌，语音适中，发音清楚，说话流利。 （4）应变协调能力强
操作用品	（1）欢迎卡、钥匙、账单、少量现金、商务中心营业报表、翻译用资料、装订机、笔。 （2）装有酒店管理软件的电脑、打印机一套/组
操作方法	（1）示范讲解。 （2）学生两人一组，交互练习。 （3）教师点评并考核
操作步骤与操作标准	（1）实训前 ①准备实训用具，着装整齐，以达到仿真状态。 ②仪表、仪态及礼貌用语练习。 ③对话内容与场景由学生自行提前设计。

续表

操作步骤与操作标准	（2）实训开始 ①客人提出要求提供翻译服务时，当班服务员应向客人了解是口译还是笔译，哪一个语种，哪一个范畴，什么时间，并告诉客人收费标准。 ②如果是笔译，大致看一下需翻译的文件内容，有不清楚的地方当面问清客人；如果是口译，确定接洽时间、地点与联系人及联系方式。 ③问清客人的房号，请客人出示房卡或钥匙。 ④如果是笔译，将需译的文件传真至翻译公司；如果是口译，向翻译公司详细说明情况，请其按时派翻译员前去。 ⑤在翻译登记本及交班本上进行登记。 ⑥翻译公司笔译好的文件传真至商务中心后，立即通知客人取稿。可请客人先核对，若对译稿有异议，可请翻译公司修改或与客人协商解决，直至客人满意为止。 ⑦口译工作完毕后，与客人取得联系。 ⑧按规定价格计算费用，询问客人结账方式，办理结账手续。 ⑨最后应在"商务中心营业报表"中登记。 （3）实训结束

三、考核标准

翻译服务操作考核标准见表 10-10。

表 10-10　翻译服务操作考核标准

考核内容	考核标准	满分	实际得分
仪容、仪表、仪态	符合职业要求	1	
语言	礼貌、得体，体现专业素养	4	
电脑操作	信息录入完整、准确	5	
操作程序	完整、无遗漏和反复	10	
总分		20	

实训六　会议室租用服务

会议室租用服务

一、操作流程

操作流程：会议室租用洽谈→签订租用协议→会议室准备→会议服务→账务处理→登记。

二、操作要求

会议室租用服务操作要求见表10-11。

表10-11　会议室租用服务操作要求

操作任务	会议室租用服务
操作时间	实训授课0.5学时，共计20分钟。其中，示范讲解5分钟，学生操作10分钟，考核测试5分钟
操作要求	（1）仪容、仪表、仪态符合职业要求。 （2）熟练掌握商务中心基本知识。 （3）服务用语礼貌，语音适中，发音清楚，说话流利。 （4）应变协调能力强
操作用品	前厅实训室的设施设备
操作方法	（1）示范讲解。 （2）学生两人一组，交互练习。 （3）教师点评并考核
操作步骤与操作标准	（1）实训前 ①准备实训用具，着装整齐，以达到仿真状态。 ②仪表、仪态及礼貌用语练习。 ③对话内容与场景由学生自行提前设计。

续表

操作步骤与操作标准	（2）实训开始 ①接到客人的预订，要了解会议相关服务信息：预订人姓名及公司名称、客人的房间号码或电话联络号码、会议室使用时间（会议起始时间及结束时间）、参加会议的人数、会议室的布置要求。 ②向预订客人介绍会议室的服务设施，并邀请其参观会场。 ③确定付款方式，并要求对方预付订金。 ④双方签订会议室出租合约，并在租用记录本上详细填载。 ⑤会议室准备。按客人要求准备好会议室，包括牌号座位、文具用品、茶水及点心，检查音响等会议设施设备是否正常。 ⑥会议服务。当客人来到时，主动引领客人进入会议室，请客人入座，逐一为客人提供热茶；会议进行中，要注意为客人倒茶水，更换烟灰缸等。 ⑦结账。会议结束，按规定和会议负责人办理结账手续。 ⑧向客人致谢并道别。 ⑨最后应在"商务中心营业报表"中登记。 （3）实训结束

三、考核标准

会议室租用服务操作考核标准见表10-12。

表10-12 会议室租用服务操作考核标准

考核内容	考核标准	满分	实际得分
仪容、仪表、仪态	符合职业要求	1	
语言	礼貌、得体、体现专业素养	4	
电脑操作	信息录入完整、准确	5	
操作程序	完整、无遗漏和反复	10	
总分		20	

课后练习

一、选择题

1. "办公室外的办公室"指的是酒店的（　　）。

   A. 商务中心　　　B. 客房　　　C. 大堂副理处　　　D. 公关销售部

2. 《旅游酒店星级的划分与评定》中规定（　　）酒店必须提供商务服务。

   A. 一星级酒店以上　　　　　　B. 二星级酒店以上

   C. 三星级酒店以上　　　　　　D. 四星级酒店以上

二、思考题

1. 当接到住店客人的传真时你应如何做？
2. 一住店客人称他早上在商务中心发的传真对方看不清楚，你应如何处理？
3. 某客人想租借一间小会议室，你应如何处理？

三、案例分析

有一位客人投诉商务中心一名员工，称该员工在为其办理售票业务时，多收了300元好处费。此事投诉到房务总监那里，然后由保安部协助调查。经过调查和通过对员工的问话，这名员工最终承认了自己在预订机票时得到了230元的回扣。

请分析：

1. 应如何处理此名员工？
2. 酒店对此要不要负责？如果要负责，酒店须承担什么责任？

单元十一　前厅督导管理

学习目标

1. 掌握前台主管、前台领班的岗位职责。
2. 了解前厅督导管理人员的素质要求。
3. 掌握前厅部督导管理人员的工作流程。
4. 掌握前厅部管理制度。
5. 了解前厅基层管理的工作任务。
6. 掌握前台领班日、主管日工作。
7. 了解前厅部员工的培养。
8. 学会文档管理。
9. 学会散客客史档案整理。
10. 对安全事故能进行防范与处理。

任务一　前厅督导管理相关

前厅督导管理是酒店形象保持良好状态的关键。

一、前厅部督导的岗位职责

(一) 前台主管的岗位职责

1. 层级关系

直接上级:前厅部经理。

直接下属:领班。

2. 岗位职责

(1) 协助前厅经理检查和控制前厅的工作程序,全面负责前厅的接待和问询等日常工作,督导员工为客人提供高效优质的服务。

(2) 主持前厅工作例会,上传下达,与相关部门做好沟通、合作与协调工作。

(3) 随时处理客人的投诉和各种要求。

(4) 每天检查员工的仪容仪表及工作情况。

(5) 对员工进行培训并进行定期评估。

(6) 下班之前与预订部核对当日及次日的房态。

(7) 检查有特殊要求客人的房间并保证这些特殊要求得到满足。

(8) 及时申领物品,保证前台有足够的办公用品。

(9) 协助大堂副理检查大厅卫生,陈列酒店介绍等宣传品,并在用餐时间临时接替大堂副理的工作。

(10) 按要求每月制作有关报表并送至公安部门。

(11) 完成前厅经理或其他管理部门所交给的任务。

3. 素质要求

(1) 思维敏捷,具有协作精神。

(2) 熟悉本部门的各项工作程序和标准。

(3) 具有一定的电脑软件知识,能够熟练打字。

(4) 五官端正,口齿清楚,气质高雅。

(5) 英语口语良好。

(6) 有三年以上国际酒店前台领班以上工作经验。

单元十一 前厅督导管理

（7）能够适应超时工作。

（二）前台领班的岗位职责

1. 层级关系

直接上级：前台主管。

直接下属：接待员。

2. 岗位职责

（1）协助主管的日常工作。

（2）检查、督导前台员工按照工作程序和标准为客人提供优质服务。

（3）对客人的要求及投诉要尽最大努力答复并重视，遇到不能解决的问题及时报告主管。

（4）确保入住登记单详细、准确，符合有关部门的规定。

（5）通知有关部门关于到店房、换房、VIP房和特殊安排房等情况。

（6）每天检查和准确控制房态。

（7）详细记录交班事项，如有重要事件或需下一班维续完成的事情都应详细记录，并在交班时签上自己的名字。

（8）确保所有的信件、邮包和留言的发送存放，记录存档无误。

（9）遇特殊情况，如客人不按期到达、延长住房日期、提前离店、客人投诉以及其他紧急事件，处理不了的要及时上报主管或大堂副理。

（10）完成经理分派的其他工作。

3. 素质要求

（1）五官端正，气质高雅，口齿清楚。

（2）性格活泼，思维敏捷，理解能力和自控能力强，善于应变。

（3）能够进行熟练的打字和电脑操作。

（4）良好的英语口语水平。

（5）两年以上酒店前厅的工作经验。

（6）有一定的管理能力。

二、前厅督导管理人员的素质要求

基层管理人员，包括领班、主管，他们在生产第一线，带领员工直接提供对客服务。管理人员素质的高低影响着酒店的管理水平,在酒店经营管理活动中起着至关重要的作用。作为前厅基层管理人员,应具有良好的思想素质和较高的业务能力,掌握正确的管理方法,充分发挥楷模作用。

(一) 以身作则,当好楷模

领班、主管既是基层的管理者,又是一线的员工,要做好管理工作,首先应该当好一名员工,时时刻刻要为人楷模,遇到困难要挺身而上;在员工情绪低落时要正确引导;遇到脏活、累活、苦差事,要主动,不发牢骚,多做工作,以身作则并且持之以恒。这样才能在员工中树立威信,得到大家的信任与拥护,从而完成管理工作任务。

(二) 办事公正,一视同仁

办事公正,对所管理的员工一视同仁,这对于基层管理工作是十分重要的,因为员工把这个问题看得很重,他们甚至把是否公平看作是衡量基层管理人员素质高低的重要标准。对于基层管理者来说,每天工作的任务分配是领班非常棘手的事情,因为工作量要和收入挂钩,而常常有员工抱怨分配的不公,办事公正体现在分配工作任务、奖金、晋级、表扬、评先进等方面,对所有成员都应用同一个标准来衡量,才能赢得员工的肯定与支持。

(三) 具有较强的业务能力

基层管理人员必须对所辖范围内的各个岗位、各项工作规范、各种技术质量要求都了如指掌,并能亲自操作。这样既有利于树立权威,又便于组织指挥工作。只有对工作任务、工作计划、服务质量、设备使用状况、人员操作技术水平等方面有全面的了解和掌握,才能安排好服务接待工作。

(四) 具备良好的管理意识和管理能力

一位优秀的管理者需要具备良好的管理意识和管理能力。基层管理人员的管理意识和管理能力主要表现在两个方面:第一,有管理意识、管理思路和管理目标。不仅能把自己工作做好,更能领导下属成员完成计划目标。第二,善于做员工的工作。因为酒店管理首先是对人的管理,不会做员工的工作就不可能有成功的管理。

基层管理人员为了提高自身素质与管理能力,不仅要通过实践去摸索,也要配合必要的、理论上的管理知识的学习。

三、前厅部督导管理人员的工作流程与分析

（一）款接订房分部经理工作分析

款接订房分部经理需督导款接主管和预订主管的工作，抽查员工的工作准备情况，并随时做好各项补台工作，其每日的具体工作安排如下：①9：00～10：00 检查款接主管和预订主管工作任务的完成情况，查看当日预订情况，根据高峰期或大客户公司重要客人抵达时间确认当日协助接待与否。②10：00～15：00 参与接待服务客人，协助解决接待过程中产生的问题，发现问题隐患，及时制止、解决。③15：20～16：00 检查中班员工接待准备情况。④16：00～17：30 参与接待服务客人，协助解决接待过程中产生的问题，发现问题隐患，及时制止、解决。⑤17：30 总结当天现场督导的情况，实事求是地为制定下一阶段的培训及工作要点做好资料的收集和整理工作。

（二）总台主管工作分析

总台主管督导款接员做好各项接待工作，随时关注员工接待动向，及时协助新员工；对接待中出现的问题给予果断和及时的解决，随时纠正接待过程中不规范、不标准的操作和用语。总台主管每日的具体工作安排如下：①7：15～15：20 检查早、中班员工的仪容、仪表和接待准备工作。②7：45～15：30 检查前台客用品及内部用品的准备和摆放情况，以及客人物品转交登记情况。③10：00 检查当日排房以及当日 VIP 客人钥匙的准备情况。④15：00～23：00 检查当日入住登记表以及各种特殊结账账目。⑤16：00～24：00 总结当日接待中的优缺点，并与员工分享，必要时将内容形成文字上报款接预订部经理。

（三）预订主管工作分析

预订主管督导预订员做好各项预订工作，随时关注员工预订动向，及时协助新员工；对接待中出现的问题给予果断和及时地解决，随时纠正预订过程中不规范、不标准的操作和用语。预订主管每日的具体工作安排如下：①9：00 检查当日早班各项工作的落实情况。②10：00～11：30 检查当日预订钥匙的准备工作。③12：15～17：15 检查酒店办公系统中各种发文，协助处理发文中有异议的事项。④18：00 总结当日接待中的优缺点，必要时将内容形成文字上报款

接预订部经理。

（四）培训主管工作分析

培训主管负责分部培训计划的制订和执行，日常工作中协助前台及预订主管督导和服务，并做好质检工作。培训主管每日、每周、每月具体工作安排如下。

1. 日工作

①9：00~10：00 检查各岗位员工仪容仪表及工作服务准备情况。②10：00~11：00 分析前日宾客服务情况，负责近期培训的准备。③11：00~14：30 协助前台预订服务工作，现场督导质检。④14：30~16：30 落实计划中的培训，或针对发现的问题对当班员工进行现场培训。⑤16：30~17：30 协助前台预订服务工作，现场督导质检。⑥17：30~18：00 进行当日培训质检工作的日反馈。

2. 周工作

周一：回收上周的"每周必会"。

周六：完成本周培训质检小结，在酒店办公系统中发给分部经理。

周日：制订一份新的"每周必会"。

3. 月工作

5日：完成上一个月宾客投诉分析，在酒店办公系统中发给分部经理。

10日：整理上一个月的案例。

15日：分部英语培训。

20日：案例情景表演。

25日：每季度两个月考核，一个月主题活动。

28日：完成月培训及工作总结，制订下个月培训及工作计划。

（五）总台领班工作分析

1. 每天检查和准确控制房态

（1）每天定时（9：00、16：00和23：00）根据客房部提供的房态表核对房态。

（2）每天定时（12：00、17：00和22：00）认真检查已结账的房间是否已从电脑中销号。

（3）若有换房或调价，应记录存档。

2. 详细记录交班事项

若有重要事件或需下一班继续完成的事情都应详细记录，并在交班时签上自己的名字。

3. 确保所有的信件、邮包和留言的发送、存放，记录存档无误

（1）在每天 10：00、12：00、16：00、21：00 检查邮包、信件、留言。

（2）若发现有未送出的信件、邮包和留言，应及时通知或检查留言登记。

四、前厅部管理制度

俗话说："没有规矩，不成方圆。"制度是酒店管理的基础和依据，也是完成工作任务的基本保证。

（一）前台接待服务十项规定

（1）上岗前按规定着装，服装挺括、整洁，皮鞋光亮；左胸前佩戴胸牌；头发梳理整齐，男员工头发不过衣领，不留胡须，女员工头发不得过肩。

（2）在岗时站立服务，站姿端正，保持自然亲切的微笑，任何时间不得随意离岗。

（3）礼貌周到，待客和气，见到客人主动打招呼，对客用敬语，语言规范、清晰，如遇繁忙，请客人稍等。

（4）热情接待客人，用相应语言接待中外客人，提供周到、细致的服务。

（5）态度和蔼、亲切，使客人感到亲切、愉快。

（6）服务快捷、准确，为客人办理入住登记手续不得超过 3 分钟。

（7）准确、及时地将客人抵、离时间，各种活动安排通知有关部门，保证衔接无差错。

（8）大堂总台各种工作用品完好、有效、整齐、清洁、有序，周围环境整洁、盆景鲜艳、美观。

（9）管理人员坚持在服务现场督导，每天做好岗位考查记录。

（10）做好交接班记录，交接工作清楚、准确、及时、无差错。

（二）前台办理入住登记、验证管理制度

（1）新员工上岗前，将登记验证作为重点工作进行培训，经公安机关考试

合格后持证上岗。

（2）登记时，接待员必须认真地核对住宿登记表上的所有项目，严格执行公安部门的有关宾客登记、验证及户籍管理的规定；身份证和护照、签证必须齐全、有效，发现过期失效的一律不得办理入住登记手续；发现查控人员，立即报告安全部门。

（3）当班经理、主管负责检查当班接待员入住宾客的登记，若有遗漏，要及时与宾客联系补齐，以确保信息的准确。

（4）在登记、验证过程中，若遇特殊情况接待员不能处理，须逐级上报，不可擅自处理。

（5）定期对登记、验证工作进行考核，考核不合格者不允许上岗。对在登记、验证方面出现问题的接待员，视情节轻重进行处理。

（三）会客登记制度

（1）来访者要求探访、会见住店客人，接待员须问清来访者是否与客人约定。

（2）接待员查询电脑确认后联系住店客人房间，征得客人同意后，由客人来前厅或请来访者持会客登记单回执见客人。

（3）来访者填写会客登记单时，应写清来访者的姓名、单位、联系电话、人数、会见何人、房号、事由、来店时间等。会客登记单一式两联，一联存档备查，另一联交来访者，请会见客人签字，注明离店时间，由来访者交回前台。

（4）会客时间最晚不得超过23：00，超过23：00，保安部人员有权请来访者离开房间。

（5）接待员应对酒店和客人的安全负责，不得随意将住店客人的有关情况提供给来访者，更不能根据来访者的描述帮助其推测要会见的客人。

（四）贵重物品保险箱管理制度

（1）设在前台的贵重物品保险箱，只限住店客人使用。

（2）在客人开启保险箱时，必须按照贵重物品保险箱记录上所列的各项内容一一填写清楚，不得缺项。

（3）客人在使用过程中，每次开启必须由客人本人填写记录，领班和使用人必须签名。

（4）保险箱必须由本人当面开启，其他任何人以任何形式都不可以代领。

（5）如客人丢失钥匙，则要请大堂副理和保安部人员到场，请工程部人员当面撬开箱锁，重新配锁，并请客人照价赔偿。

（6）保险箱的钥匙必须由当班的领班负责保管，并与下一班的经理进行交接。

（7）定期检查保险箱使用情况和保险箱保管情况，发现问题及时上报。

（8）对保险箱的使用情况，每班要填写详细的交接记录。

（五）礼宾部管理制度

1. 行李房

行李房是为客人寄存行李以及到、离店团队寄存行李的地方，严禁非行李员进入行李房。

（1）行李房内严禁吸烟、睡觉、堆放杂物。

（2）所放行李应摆放整齐。

（3）保持行李房内整齐、清洁，卫生由当班人员打扫。

（4）行李房钥匙由专人掌管，随用随锁。

2. 寄存行李

（1）行李员在取送客人行李后，必须当面请客人清点和检查行李，对去客房取送行李的行李员要做记录，存档备查。

（2）行李房只办理住房客人普通行李的暂存业务。行李内不得存放贵重物品、现金、腐蚀性或污染性物品；不得存放易变质食品，易蛀物品，易燃、易爆物品，以及瓷、玻璃器皿等易碎物品；要向客人说明酒店不承担赔偿责任，并做好记录。

（3）行李员在接收客人行李时，要注意检查和询问客人行李内物品，一旦发现枪支、弹药等危险物品要立即报告保安部，保护现场，防止发生意外事故。

（4）认真履行暂存行李的登记手续，存取行李卡上写清房号、件数、存取时间，并请客人收好行李卡下半联，在存取行李登记本上再次做好记录。

（5）对没有锁的行李，要主动询问客人是否需要上锁，防止客人行李物品脱出或丢失；行李房随时备用小锁和包装绳，为客人提供方便。

（6）客人凭行李卡提取行李。当客人行李卡丢失时，要认真核对客人证件和行李上的存根登记是否一致，如果不一致，需按特殊情况处理，及时报告上级。

（7）暂时存在行李柜台的行李要有专人看管，超过半天未取的行李应及时存放在行李房内。

3. 委托代办服务收费原则

接受委托代办服务时，收费可遵循以下原则。

（1）收费前提：酒店不受损失，客人得到满意的服务。

（2）收费范围：非酒店内正常服务项目及酒店内不能直接提供的服务项目。

（3）收费计算：以一个员工1小时的人工成本（薪金、福利、保险等）为计算单位，另加往返路费。

五、前厅基层管理的工作任务

酒店基层管理人员不但要有良好的个人素质，而且要注重工作艺术，带领全体成员完成工作任务。

（一）班组制度的建立与完善

班组是实施前厅管理的基本单位，也是前厅组织机构中的基层单位。凡有组织存在的地方，就会有一个核心，有了这个核心，组织成员就有了向心力和归属感。核心成员可以是党员、团员，可以是集体活动积极分子，也可以是员工代表及平时喜欢提意见的员工等。这样，一旦发现问题，就可以通过核心成员反映给班组长，使问题得以及时解决与协调。开展班组建设有利于调动班组成员的工作积极性，增强大家的责任感，有利于做好班组工作。

（1）班组是企业规章制度的落脚点，酒店有许多制度要通过班组落实。

（2）班组制度的建立。建立完善的班组制度是基层管理人员的重要职责。班组制度的建立要遵循以下要求。

①结合班组实际。每个酒店都会有比较完善的制度，这些制度直接在班组使用固然没有问题，但班组长一定要对这些制度进行消化、细化，使其更适合本班组的管理。

②将班组制度当成一个有机的整体，环环相扣，疏而不漏。有些酒店的班组制度，孤立地看是合情合理的，放在一起执行则发现相互抵触或漏洞百出，

这是因为没有把规章制度当成一个系统工程来看。

③班组制度的制定力求具体化、可度量化。不具体、不可度量的制度实际上等于没有制度。

④班组制度的制定要便于考核。只有制度而缺少相应的考核办法，制度就是一纸空文。考核最好是将班组制度的执行情况与员工的经济利益挂钩，班组制度制定过程也是制度不断完善的过程。制度一旦制定就不能轻易改变，但一成不变的制度是不存在的，所以，制度只有不断完善才能适应管理的需要。

（3）班组制度的内容。涉及班组的规章制度主要有以下几方面。

①工作方面的制度，用以明确员工的岗位职责、不同岗位的分工和协作关系。例如，岗位责任制、交换班制度、日报表制度。

②服务质量方面的制度，用以明确各岗位任务的服务质量标准以及检验程序。例如，岗位操作规范、检验制度和验收制度。

③成本核算、设备和工具的管理制度，用以明确消耗的标准和成本要求，明确材料的领用、回收、核算等具体步骤和方法。例如，消耗物品管理制度、设备保养制度和酒店工具保管制度。

其他还有安全保障方面的制度、劳动分工和分配制度等。

（二）正确利用非正式组织

非正式组织是自发生成的，它会产生一定的作用，任何地方都不可避免，就是通常说的"小团伙""小派别"等。基层管理工作中应特别注意非正式组织的存在，对其积极的一面加以合理利用，使其对实现组织目标发挥一定的作用；对其消极的一面加以限制，避免其对正常工作的干扰。非正式组织的管理，要注意工作策略与方法，善于将非正式组织的消极因素转化为积极因素。

对非正式组织的共同的价值标准、行为准则，应加以正确引导，使其在正式组织中发挥积极作用。

（三）充分发挥激励职能作用

基层管理人员在运用激励理论时，要了解员工的具体情况，针对员工的需要进行，从实际出发，充分发挥激励职能作用。从时间上讲，激励要经常做，不是有了问题才去解决；从范围上说，激励要面向所有的人。尊重员工，善待员工，给员工一个良好的工作环境，认真听取员工的意见，及时向上级通报情况。对于优秀的员工,给予其成长和发展的空间,满足员工自我价值的实现需求。

六、前厅督导的管理

前厅督导的管理通常是指前厅管理人员对下属所进行的监督、督促、指挥与指导管理。监督就是按照相关制度和标准对下属进行合理控制,以保证工作计划顺利实施;督促则是运用合理手段,例如激励、批评等,促进工作计划加快完成;指挥就是对下属进行适当的工作分配,这种工作分配具有必须服从的强制性质;指导就是指导下属如何去完成所分配的工作。

(一)前厅督导管理的特点

前厅督导管理属于基层管理和基础管理,与高、中层管理相比有其自身的规律和特点。

1. 现场性

前厅督导人员的大部分工作就是在工作现场进行走动管理。如一名前厅领班,其管理的现场性就体现在他要根据客源情况进行工作分配、工作前检查,尤其要在工作现场合理安排人力、物力,以确保总台活动的正常进行。前厅督导人员要现场纠正员工服务活动中的偏差,以确保本酒店的服务水准,还要现场处理一些意外情况,如宾客投诉、产品短缺等,这些工作是离不开工作现场的。

2. 作业性

前厅督导管理既不像高层管理那样具有战略性,也不像中层管理那样具有战术性,更多的情况是,前厅督导根据规定的组织目标、工作部署和服务流程,带领下属去完成工作任务,这就决定了督导管理具有作业性。

3. 示范性

前厅督导人员一定是业务能手,既要有较强的动手能力,又要有较强的动口能力。前厅督导所做工作更多的是"跟我上",而非"给我上",因而前厅的督导管理具有很强的示范作用。

(二)督导管理人员应具备的人力资源管理理念

督导管理人员要做好人力资源管理,必须有正确的理念作为指导,这些理念主要包括以下几点。

1. 以人为本

督导管理人员应始终把人力资源看作是第一资源，把管人的工作当作诸多工作的根本。如果从经营角度说宾客是第一位的，那么从管理角度说员工是第一位。有人说过："看似无足轻重的员工，却可能主宰着企业的命运，把握着企业的兴衰。"无论何时，管理者都应以人为本。

2. 人力是"资源"，而非"成本"

"资源"是必需的投入，对人力资源的投资是"一本万利"的，所以督导层要具有对员工的培训培养的意识和"感情投资"的观念。塑造一支优秀的员工队伍，才能为宾客提供优质的服务。

3. 金无足赤，人无完人

任何一位员工都不可能是完美的，不论是思想品德、学识水平，还是专业知识、专业技能，乃至其性格、气质、能力等，都可能存在差异，需要督导层对其做出客观的评价，并提供积极的帮助，在使用中培养，在培养中成才。另外，人才也未必都是全才、天才，在酒店里能发挥作用的、适用的就是人才。

4. 有"位"才有"为"

在这种理念指导下，督导层要允许员工毛遂自荐，给员工参与机会、表现机会、换岗机会、升职机会和独立完成任务的机会，要让员工发挥自己的才能潜力，放手让员工通过各种实践而尽快成熟、成才。

5. 先"制造"人，再制造产出

员工培训不到位，必然造成员工士气不振，敬业程度低，工作效率低，失误多。所以督导层要重视对员工的意识灌输、知识传播和技能训练。只有合格的服务员才能为客人提供合格的服务。

6. 没有满意的员工，就没有满意的宾客

与这一理念相仿的还有一种说法，即好好照顾你的员工，他们才会好好照顾你的客人。造成员工不满意的原因是多方面的，其中就有可能因督导层对员工生活、工作关心不够，工作作风和管理方式不当而引起的。而员工的不满将直接影响其对顾客服务的质量，这是毋庸置疑的。从某种意义上说，督导层也要把手下员工视为顾客，即内部顾客，善于摸员工心态，本着为员工服务的思想、关心其生活、工作、思想、学习、婚姻乃至事业、发展、前程等，改善领导作风，为员工创造一个良好的生活、工作环境。

7. 人力资源是可持续发展的

人力资源不同于物力资源，物力资源的表现特点是使用，即消耗，而人力资源的使用实际上是对人能力的应用。人力资源的运用过程，也是员工能力不断增长的过程。员工操作熟练，经验丰富，而且通过新理念的灌输，新知识的学习，新技术的培训，素质有所提高，可以为事业做出的贡献就更大。由此也说明，对员工的智力投资并非成本消耗，而是一种资源投入，是为了人力资源可持续性发展的投入，并且这种投入是有回报的。因此督导层必须放弃那种将员工只当作简单劳动力使用的观点和做法，而应重视员工的培训和培养。

（三）前厅督导管理的基本手段

1. 经济手段

经济手段就是利用员工对经济利益的关心，通过一系列经济指标和分配制度来进行管理的一种手段。如果想采用经济手段，必须建立和健全经济核算制度和经济责任制度，将员工的工作表现和经济利益挂钩，采用这一手段实质上是利用经济杠杆的作用，以物质利益为动力，影响、诱导管理对象的行为，调动其积极性。但是要注意，经济手段绝非万能，要防止它对员工思想意识所产生的消极作用，因此在督导管理中应辅以思想教育、精神激励共同发挥作用。

2. 行政手段

行政手段是指利用组织机构、行政领导的权威性，通过下达政策、计划、规定、办法、指示、决定等行政命令进行管理的一种手段，具有强制性和直接性的特点。应当说这种手段在任何时候都是必要的，否则酒店就无法实行集中统一的管理，酒店将不可能成为一个严密的组织，各部门、班组将出现无组织状态。因此，行政手段是督导管理中必不可少的手段。当然，利用行政手段要克服官僚主义和滥用职权现象，防止那种脱离酒店总目标、脱离实际和违背经营管理规律的指挥。

3. 法律制度手段

法律制度手段即利用国家法律法规、酒店规章制度来约束员工行为，调整酒店与员工关系的一种手段。酒店法律制度包括了国家的法律法令、员工手册以及各部门具体的规章制度。法律手段具有自动调节的功能。酒店规章制度一旦制定后，可由员工自己去适应并加以遵守，使酒店的各项活动有章可循，特别是对有明确是非界限的事务，更显示出优越性。但法律手段缺少弹性和灵活性，有时容易限制各部门积极性和主动性的发挥。

4. 教育手段

教育手段指通过对全体员工不断培养教育，从而提高员工的素质，满足经营活动需要的一种方式。教育手段具有针对性、连续性、群众性和效益性的特点。教育的内容表现在思想教育、业务技术教育等方面。采用教育手段，应建立、健全员工培训制度和考核制度，并作为奖励、晋级、聘任等方面的重要依据。酒店的管理者要增加教育投资，要在教育上下功夫，注重实效，不搞花架子，要做到有计划、有组织、有布置、有检查、有总结。

值得注意的是，每种管理手段都有它的长处或缺陷，在实际工作中，应根据实际情况，灵活综合运用。

（四）前厅基层督导的基本方法

1. 表单管理法

表单管理法是通过表单的设计制作和传递处理，来控制酒店业务经营活动的一种方法。表单管理法的关键是设计一套科学完整的表单体系。这里说的"表单"，应从广义上去理解，它实际上包括了上对下的各种指令单、通知书，下对上的报告书、建议信，各主要岗位的工作日志等文字材料。表单的最大优点是白纸黑字、有案可查、信息确定、不易遗忘、不易扯皮，它对观察问题、理清责任、分析问题和为决策提供依据都有极大的好处，是督导管理中必不可少的管理方法。

2. 走动管理法

走动管理法又叫现场管理法，是要求管理者深入现场，加强巡视检查，调节酒店业务经营活动中各方面关系的方法。酒店业务经营的特点之一就是提供服务和消费服务的同一性。要有效控制酒店的业务往来活动，提高服务质量，就必须深入服务第一线，以便了解情况，及时发现和处理各种疑难问题，纠正偏差，协调各方面关系，同时也可以及时和下属沟通思想，联络感情，实施现场救助，并发现人才。走动管理可以发现表单等文字资料所反映不了的问题，可做现场指导，解决问题也快，对员工也能产生适度的工作压力，对表现好的员工也是一种激励。

3. 感情管理法

感情管理是指管理者通过"感情投资"或人性化管理方法，融洽与员工的感情，改善与员工的关系，形成和谐融洽的工作氛围，以达到管理目的的一种管理方法，又被称为"柔性管理"。过分依赖制度管理，容易产生制度与人的对立，结合感情管理要比那种"杀一儆百"的效果好得多。制度管理是必要的，但它具有很强的强制性，缺乏因人而异的弹性、灵活性，辅以感情管理的制度管理就容易被员工所接受。从感情管理出发，就能在制定和执行对员工处理的制度方面体现软性特点，如循序渐进的处理方法、正面教育为主的方法等，都旨在给予员工改正的机会以达到教育的目的。所以，督导管理应注意将制度管理和感情管理结合使用，例如，某员工上班经常迟到，按制度处理自不用说，但督导层在处理的时候也应关心一下该员工为什么总迟到，想办法帮其解决这一问题，因为管理的真正目的是让这位员工不再迟到。

4. 制度管理法

制度管理法是通过制度的制定和实施来控制酒店业务经营活动的方法，要使制度管理真正切实可行，需要注意以下3个问题。

（1）制度的科学性，即酒店的制度必须符合酒店经营管理的客观规律，必须根据酒店经营管理的需要和全体员工的共同利益来制定，制度条文应明确、具体、易于操作。

（2）制度的严肃性，即维护制度的权威性和强制性。在制定制度时，必须要有科学严谨的态度，制定什么制度，制定到什么程度，均应认真研究，仔细推敲。在执行制度时，要做到有制度必遵守，违反制度必究，制度面前人人平等。在处理违规违纪的员工时，要有严格的程序，要以事实为依据，以制度为准绳，注意处罚的准确性。

（3）制度的制定和执行都应体现人性化管理的思想。一方面我们要严格按制度办事，另一方面要把执行制度和做思想工作结合起来，注意批评和处罚的艺术，同时还要把执行制度和解决员工的实际问题结合起来。

5. 参与管理法

参与管理法是指管理者让属下员工参与讨论管理问题，吸收属下员工好的意见和建议,以形成管理决策、计划和措施的一种方法。它的最大好处是让员工感到上司对其重视和厚爱,既能让员工树立主人的责任感,又能激发员工工作热情。吸收了员工意见所形成的决定,更容易被员工所接受,实行起来也容易得多。此外,参与管理法所产生的决定、计划,均是集思广益的结果,其科学性、可行性都比较高。

督导管理的手段多种多样,每种手段都有其优点与缺陷,我们要综合运用,这样才能做好前台基层管理工作。

实训一　前台主管日工作

前台主管日工作

一、操作流程

操作流程:岗前准备→巡视观察员工→查看员工仪容、仪表→关注员工接待动向→协助指导新员工工作→果断和及时地解决接待中出现的问题→纠正接待过程中不规范、不标准的操作和用语→总结当日接待中的优缺点,与员工分享。

二、操作要求

前台主管日工作操作要求见表11-1。

表11-1　前台主管日工作操作要求

操作任务	前台主管日工作
操作时间	实训授课1学时,共计40分钟。其中,示范讲解10分钟,学生操作25分钟,考核测试5分钟

续表

操作要求	（1）仪容、仪表、仪态符合职业要求。 （2）熟练掌握前台主管的岗位职责。 （3）业务处理熟练无误，能熟练操作电脑。 （4）思维敏捷，具有协作精神
操作用品	前厅实训室的设施设备
操作方法	（1）角色扮演法。 （2）学生分成员工和主管，交替练习
操作步骤与操作标准	（1）实训前 ①准备实训用具，着装整齐，以达到仿真状态。 ②总台各岗位员工到岗，处于工作状态。 （2）实训开始 ①检查在岗员工的仪容仪表和接待准备工作。 ②检查前台客用品和内部用品的准备和摆放情况。 ③检查客人物品转交登记情况。 ④检查当日房以及当日 VIP 客人的准备情况。 ⑤检查当日入住登记表。 ⑥检查各种特结账账目。 ⑦总结当日接待中的优缺点，与员工分享。 （3）实训结束：教师点评

三、考核标准

前台主管日工作操作考核标准见表 11-2。

表 11-2　前台主管日工作操作考核标准

考核内容	考核标准	满分	实际得分
仪容、仪表、仪态	符合职业要求	1	
语言沟通	礼貌、得体，体现专业素养	4	
工作内容	完整、准确，处理问题果断，能发现问题、解决问题	8	

续表

考核内容	考核标准	满分	实际得分
工作程序	完整、无遗漏和反复	4	
操作时间	10分钟以内（超时不得分）	3	
总分		20	

实训二　前台领班日工作

前台领班日工作

一、操作流程

操作流程：岗前准备→根据客房部提供的房态表核对房态→认真检查已结账的房间是否已从电脑中销号→若有换房或调价，应记录存档→检查邮件、信件、留言登记→详细记录交班事项→随时纠正接待过程中不规范、不标准的操作和用语。

二、操作要求

前台领班日工作操作要求见表11-3。

表11-3　前台领班日工作操作要求

操作任务	前台领班日工作
操作时间	实训授课1学时，共计40分钟。其中，示范讲解10分钟，学生操作25分钟，考核测试5分钟
操作要求	（1）仪容、仪表、仪态符合职业要求。 （2）熟练掌握前台领班的岗位职责。 （3）业务处理熟练无误，能熟练操作电脑。 （4）应变能力强，有一定的管理能力
操作用品	前厅实训室的设施设备

续表

操作方法	（1）角色扮演法。 （2）学生分成员工和领班，交替练习
操作步骤与操作标准	（1）实训前 ①准备实训用具，着装整齐，以达到仿真状态。 ②总台各岗位员工到岗，处于工作状态。 （2）实训开始 ①根据客房部提供的房态表核对房态。 ②认真检查已结账的房间是否已从电脑中销号。 ③若有换房或调价，应记录存档。 ④检查邮件、信件、留言登记。 ⑤详细记录交班事项。 ⑥随时纠正接待过程中不规范、不标准的操作和用语。 ⑦总结当日接待中的优缺点，与员工分享。 （3）实训结束：教师点评

三、考核标准

前台领班日工作操作考核标准见表11-4。

表11-4　前台领班日工作操作考核标准

考核内容	考核标准	满分	实际得分
仪容、仪表、仪态	符合职业要求	1	
语言沟通	礼貌、得体，体现专业素养	4	
工作内容	完整、准确，处理问题果断，能发现问题、解决问题	8	
工作程序	完整、无遗漏和反复	4	
操作时间	20分钟以内（超时不得分）	3	
总分		20	

任务二　前厅部员工培养

员工是企业的生命线，培养优秀的员工能够帮助企业更快地实现企业目标，对酒店来说同样如此。在开始工作前，为了帮助新员工更快、更好地融入酒店服务文化，也为了老员工能在长期的工作中保持热情和工作动力，对员工进行培训和激励是必不可少的。

一、培训的重要性

首先，通过培训可以帮助员工提高工作效率和服务质量，降低消耗，减少成本。

其次，通过培训可以加强员工间的沟通、改善管理，并能为员工的晋升和发展创造良好的条件。

最后，通过培训可以提供安全保障。员工经过培训，可以时刻保持安全防范意识，掌握并牢记安全操作规程，提高预防和处理安全事故的应变能力，从而降低工作中安全事故的发生率。

二、培训的内容

酒店员工的培训通常包括以下内容。
（1）酒店及部门的规章制度。
（2）服务意识。
（3）职业道德。
（4）仪容仪表与礼貌礼节。
（5）服务程序、规范与技能技巧。
（6）客房销售艺术。
（7）英语。
（8）安全知识。

（9）管理人员管理技能。

三、培训的种类

1. 新员工培训

新员工培训通常由酒店的人事培训部负责。酒店相较其他行业，人员流动比较大，因此新员工培训成为很多大酒店每天需要进行的活动。新员工报到时，培训部会统一对其进行入店培训，内容一般包括：欢迎仪式；学习酒店的员工手册；了解酒店的情况；熟悉酒店的环境；办理有关手续；疑难解答等。新员工培训十分重要，这关系到新员工对酒店管理制度的第一印象，也影响到新员工将来的工作态度。新员工在结束培训后即去聘用部门接受岗前培训。

2. 岗前培训

新员工在到达自己的岗位后，必须先进行该部门的业务培训，在培训结束后，还必须接受严格的考核，待考核合格后才能正式上岗。每个员工都必须熟悉自己岗位的基础服务要求、服务规范以及礼仪要求。

3. 日常培训

员工在日常工作时，主管或领班需针对工作中发现的问题随时进行培训。此类培训可以通过案例分析、研讨会等方式，让所有员工都能在工作中发现自己和其他人身上的问题，并引以为鉴，扬长避短。主管或领班还可以利用各种机会对员工进行个别教育和训示，其目的在于逐步强化员工良好的工作习惯，提高其工作水准，使部门各种工作规范化。

4. 发展培训

在工作中，部分服务员和管理人员的潜力会逐渐显现，对于此类员工，需要一些发展培训。发展培训是针对有潜力的员工或管理人员在晋升高一级的管理职位之前所设计的培训项目。通过此类培训，能够帮助员工了解其他部门或岗位的内容和特点，使其掌握必要的管理技能和技巧。通过发展培训可以培养一批新的管理人员和业务骨干，使其能够担当更高层次的职务或承担更重大的责任，发挥更大的作用。

四、培训的方法

培训主要包括以下方法。

（1）讲授法。这是传统的培训方法，被普遍采用。但一线服务部门不适宜以讲授法培训。

（2）多媒体教学法。在基层培训中，生动形象的录音录像教学方法效果很好，尤其是对员工进行礼貌礼仪、操作规范和外语培训时，教学录音录像十分生动，教学效果好。

（3）讨论法。讨论法是由培训者提出讨论内容，员工进行讨论的培训方法。分歧较大的讨论管理人员也需参与进来，同时探讨解决问题，再集中意见。此类培训法适用于各层次各岗位的员工。因为讨论的内容和解决方法均是由他们自己通过讨论得出，所以这样的方法不仅可以使员工对讨论的内容有更深刻的印象，还可以开拓员工的思维能力，激发参与意识，活跃学习气氛，增强培训效果。

（4）情境培训法。情境培训法适用于一线服务部门。培训者将员工在工作中存在的问题提出，让员工分别扮演有关人物，然后给予总结，指出问题。必要的时候还可以采用角色互换的方法，让员工和客人的角色互换，和管理人员的角色互换，从而体会客人和管理人员的感受与行为，进而将心比心地改进自己原来的态度和行为。此方法趣味性很强，也使员工有发挥想象力和创造力的空间。

（5）岗位见习。对于那些工作努力、有一定潜力的员工，可以通过安排适当的管理岗位实习以考察和锻炼其能力，此方法适用于各级员工的培训。

五、培训的原则

1. 对症下药、因材施教原则

对员工进行培训时，一定要针对不同的对象，根据不同的内容和要求，选择适当的培训方式和培训内容，避免出现重复培训的情况。

2. 压力和动力并存原则

要使员工都能认真地学习，必须使其感到一定的压力，但仅有压力会使员工感到倦怠，这时就需要给予员工一定的激励，为员工提供必要的动力。这样才能提高学员的学习兴趣，调动其积极性。

3. 持续性原则

培训是酒店的一项长期持续的工作。社会在进步，行业在发展，客人对酒店的要求每时每刻都在发生变化。为了适应这些变化，必须常抓不懈地进行员工培训。因此酒店必须始终把培训工作当作一项长期的持续的工作，将培训贯穿于酒店经营管理的全过程。

4. 标准和灵活相结合原则

"国有国法，家有家规"，对员工进行业务培训时，必须强调绝对标准。酒店的很多工作是非对即错、非好即坏，没有模棱两可的结果。强调绝对标准，有利于增强员工的质量意识，培养员工良好的工作习惯。当然，强调标准与培养员工的灵活应变能力并不矛盾。灵活应变是指处理问题的方式方法可以多样化，但最终的结果必须符合规定的标准。

5. 实用性原则

培训不是形式，必须保证实用。对员工的培训，在内容、方式、要求上都必须实用，要适合本酒店的实际需求，并取得实实在在的效果。

6. 系统性原则

培训工作必须讲究系统性，主要表现在培训计划的系统性、培训对象的全员性与层次性方面。

7. 科学性原则

酒店在制定培训计划时，要遵循科学的原则，对于培训内容、培训方式、培训时间等，都要讲求合理，力求达到最好的效果，而不是随心所欲。

六、员工激励

员工激励是指通过各种有效的手段，对员工的各种需要予以不同程度的满足或者限制，以激发员工的需要、动机、欲望，从而使员工形成某一特定目标，

单元十一 前厅督导管理

并使其在追求这一目标的过程中保持高昂的情绪和持续的积极状态,充分发挥潜力,全力达到预期目标的过程。

七、员工激励的作用

1. 有利于形成员工的凝聚力

组织的特点,是把不同的人统一在共同的组织目标之下,使之为实现目标而努力。因此,组织的成长与发展壮大,依赖于组织成员的凝聚力。激励则是形成凝聚力的一种基本方式。通过激励,可以使人们理解、接受、认同和追求组织目标,使组织目标成为组织成员的信念,进而转化为组织成员的动机,并推动员工为实现组织目标而努力。

2. 有利于提高员工的自觉性和主动性

个人的行为不可避免地带有个人利益的动机,利益是调节员工行为的重要因素。通过激励,可以使员工认识到在实现组织最大效益的同时,也可以为自己带来利益,从而将员工的个人目标与组织目标统一起来,两者统一的程度越大,员工的工作自觉性就越强,其工作的主动性和创造性也就越能得到发挥。

3. 有利于员工发挥潜能和保持积极状态

在客观条件基本相同的前提下,员工的工作绩效与员工的能力和激励水平有关。通过激励,可以使员工充分发挥潜能,能利用各种机会提高工作能力,这是员工提高和保持高水平绩效的重要条件。另外,通过激励,还可以激发员工持之以恒的工作热情。

八、酒店激励员工的手段和方法

在对员工科学考核的基础上,酒店应通过各种手段与方式对员工进行激励,肯定员工成绩,鞭策员工改善工作中的不足。同时,酒店应建立完善、科学的激励体系,并随市场与酒店的发展情况及时进行调整。酒店激励员工的手段和方法主要有以下几种。

1. 红包

每年年底,酒店根据员工的不同业绩表现,给每一名员工发放红包,奖励

225

的金额不等，以肯定员工一年的辛勤贡献。

2. 海外旅行

对于表现突出的员工，可以奖励其赴海外旅游，并可以携带家属。这种激励方式不但对员工起到了有效的激励作用，增加了员工的忠诚度，更赢得了员工家属的理解和支持，让他们感到自己的亲人是在良好的氛围中工作的，也增强了家属的自豪感。

3. 股权

除了对工作业绩出色的员工给予奖励外，还可给予他们酒店的股权，使酒店利益与员工个人利益紧密联系在一起。

4. 职位晋升

激励还包括晋升员工职位。酒店鼓励员工承担更大的责任，让他们稳步成长为优秀的酒店专业人才。每一次职位的晋升，每一次给员工设定的目标，每一次对员工的挑战，都激励着酒店员工奋勇向前，为给酒店创造更多业绩，为实现自己的职业梦想而努力。

5. 培训

形形色色的培训机会当然也是酒店重要的激励手段。表现突出的员工将得到更多的培训机会，将被派往国内外优秀的酒店管理学院进行培训，全面提高各种技能，锻炼领导力，开拓国际化酒店管理的视野，为担当更大责任做准备。

6. 精神与物质激励并重

对员工的激励手段中，许多时候物质与精神的奖励并重且结合在一起。例如，"酒店品质服务卓越奖"，奖励那些在酒店内部服务与外部服务方面都表现出高品质的员工；"最佳团队奖"，奖励那些完成重大项目的团队，仅有5%表现突出的员工才会得到这种奖励。"最佳团队奖"一般在每年的10月份进行评比，由人力资源部组织并参与，对候选人与团队进行评估与讨论，11月份公布评比结果。评选结束，为员工颁发有董事长、总经理签名的奖状和奖杯，以及相应的物质奖励。

任务三　文档管理

一、前厅文档管理

文档管理是前厅管理工作的一个重要组成部分。为了保证文档管理工作的顺利进行，前厅部必须建立、健全文档管理制度。

（一）文档管理的原则

1. 专人负责

可以由各部门负责人亲自进行文档管理，也可委派一位具有一定工作经验、细心、责任心强的员工具体负责。

2. 有章可循

前厅经理应明文规定文档管理的规则，并公布出来供大家遵守。规则的内容包括以下几方面：明确哪些文件、表格应该存档，存放的顺序（按字母、日期，或先按日期，后按字母……）、存放的时间、销毁时的批准程序与方法。

（二）文档管理的程序与标准

1. 分类归整

按运转体系的要求，可将需要的文件、表格分成待处理类、临时归类和永久归类三大类。

（1）待处理类。待处理类文档是指尚未处理的文件、表格，如已填写好的订房单，已制作好但未经审核的表格，客人填写好的入住登记表，待签字的传真，需要答复的文件、信函，酒店客满时订房客人的等候名单等。这类文档不属于归档类文档。

（2）临时归类。临时归类文档指短期内需要经过处理，然后进行整理归类的文件、表格，如客人的订房资料、报价信函、在店客人档案卡（登记表）等。

（3）永久归类。永久归类文档指供查阅用的文件、表格，如各种合同的副本、客史档案、已抵店客人的订房资料、取消预订未抵店客人的订房资料、婉拒订房的致歉信、各类已使用过的表格等。

2. 归类存放

（1）待处理类。应先按轻重缓急的次序把文件、表格分成急办、日常事务和等候处理三类，然后分别存放在文件或文件架中。如等待签字的传真等属于急办的待处理文档；各种等待处理的表格可放在日常事务类；客人的等候名单、需回复的信函、需要起草的报告等则可归在等候处理类。

（2）临时归类。应先分门别类地整理好，然后存放在专用档案柜的带有悬挂式档案夹的抽屉内或其他固定的器具内。

存放顺序：①订房资料。（近期的订房资料，先按抵店日期、后按字母顺序存放；远期的订房资料，一般先按抵店月份、后按字母顺序存放。）②报价信函。（按字母顺序存放。）③在店客人档案。（按字母顺序存放。）

（3）永久归类。可存放在贴有标签的活页夹内，也可存放在专用的柜子内，还可以打成包，在包外标明名称，存放在地下室等处。有些酒店把需要长期保存的资料拍成微型胶卷存放。有的酒店运用电脑储存或用电脑复制在软盘上保存。需要特别注意的是，有些必须保存的资料应存放在特别安全的地方，以防止由于火灾或其他人为原因而损毁。

存放顺序：①合同副本。（按字母顺序排列。）②客史档案。（按字母顺序排列。）③订房资料。（按已抵店、取消、致歉、未抵客、团队等归类，或先按抵店日期、后按字母顺序存放。）④已使用的表格。（按日期顺序存放。）

3. 制作索引

文档归类存放前，负责整理文档的人员应在文档的右上角写上索引字码。按姓名字母顺序排列的文档应写上客人姓的前两个字母，如 Sm、Wa 等；按日期排列的文档则应写上客人抵店的日期，如 15/3、24/4 等，这样做是为了节省查找时间。

另外，还应建立一个文档存放的索引本，里面标明文档的种类、内容、存放地点、起止日期、销毁时间等。

二、客史档案管理

客史档案（Guest History Record），又称宾客档案，是酒店在对客服务过程中对客人的消费行为、信用状况、爱好和期望等进行的历史记录。客史档案是促进酒店销售的重要工具，也是酒店经营管理接待服务工作的一项必要措施。

（一）建立客史档案的意义

加强客史档案的管理对提高对客服务质量，改善酒店经营管理有着重要意义。

1. 有利于为客人提供个性化服务

服务的标准化、规范化是保障酒店对客服务的基础，个性化服务是服务质量的灵魂。建立客史档案有利于酒店了解客人、掌握客人的要求特点，从而便于为客人提供有针对性的服务，以提高客人的满意度。

2. 有利于开展促销活动，争取回头客

建立客史档案，不仅能使酒店根据客人的需求，为客人提供针对性、细致入微的服务，而且有助于酒店做好促销工作。如通过客史档案了解客人的生日、通信方式，与客人经常保持联系，向客人邮寄酒店的宣传资料、生日贺卡等。

3. 有利于提高酒店经营决策的科学性

酒店都有自己的客源市场，需要通过最大限度地满足目标市场的需要来赢得客人，获取利润。客史档案的建立有助于酒店了解"谁是我们的客人""我们的客人需要什么""如何才能满足客人的要求"等，从而为酒店做决策打下基础。

（二）客史档案的建立类型

客史档案主要分为手工的客史档案卡和电脑客史档案两种形式。客史档案卡是按字母顺序排列，每张卡片上记录了住店一次以上客人的有关情况。未使用电脑的酒店也可将客人住宿登记表的最后一联作为客史档案卡保存；在使用电脑的酒店，电脑系统中专门有客史档案菜单，电脑会根据菜单指令记录、储存客人的有关资料，并可随时打印出来。完整的客史档案应包括以下内容。

（1）常规档案，包括客人的姓名、性别、年龄、出生日期、婚姻状况以及通信地址、电话号码、公司名称、头衔等收集和保存这些资料有助于了解目标市场的基本情况，真正明确"谁是我们的客人"。

（2）预订档案，包括客人的订房方式、介绍人、订房的时间、预订的种类、预订单位或个人、联系人等。掌握这些资料有助于酒店选择销售渠道，做好促销工作。

（3）消费档案，包括包价类别、房间号码、支付的房价、餐费、在其他部门的消费，客人的信用卡、账号、喜欢哪种房间和酒店的哪些设施等。收集和保存这些资料有助于了解客人的消费水平、支付能力，以及消费倾向、信用程度等。

（4）习俗爱好档案，这是客史档案中最重要的内容，包括客人旅行的目的、爱好、生活习惯、宗教信仰和禁忌、住店期间的额外要求等。了解这些有助于为客人提供有针对性的个性化服务。

（5）反馈意见档案，包括客人在店期间的意见、建议、表扬和赞誉，以及投诉及处理结果等。建立客人反馈意见档案有利于加强与客人的沟通协调，做好服务工作。

（6）散客档案，包括姓名、性别、出生年月、家庭住址、工作单位及职务、联系方式（包括电话、传真、E-mail、地址等）、消费记录（包括来店次数、消费额、消费特征等）、个人爱好（尤其是与酒店有关的）、对酒店的意见和评价、是否为俱乐部会员或贵宾卡持有者等。

（7）团队档案，包括团队的基本情况、组织单位的基本情况和团队组织负责人的基本情况。团队基本情况为：团队名称、来店次数、累计人数、平均停留时间、人均消费水平（包括会务、用餐、娱乐、客房等方面）、对酒店的意见及评价、优惠价格、酒店接待者、是否为协议单位等。组织单位基本情况为：单位名称、单位地址、单位联系电话、单位简介、单位域名、单位负责人等信息内容。团队组织负责人基本情况可参见散客档案要素。

（三）客史档案的收集途径

1. 散客档案收集途径

（1）总服务台：以入住登记表记录宾客姓名、家庭住址、出生年月、性别、民族、身份证号；通过开展名片收集活动记录宾客的单位名称、单位地址、职务、联系电话、E-mail 和传真号码等；通过账单、预订单建立宾客的消费情况；以退房结账时的问候式的意见征询记录宾客对酒店的总体印象。

（2）大堂副理：以每天的宾客拜访记录宾客对酒店的评价；以处理宾客投诉详细记录宾客投诉的原因及事后态度。

（3）餐饮、康乐、客房等前台服务部门：通过在全体员工中发放宾客"特殊需求记录表"以记录宾客特殊要求；通过管理人员经常与客人的交流以记录宾客的意见；通过账单和预订单建立宾客的消费档案。

（4）酒店还可以通过会员俱乐部申请登记表、贵宾卡申请登记表、金卡宾客登记表等方式，进行散客信息的收集。

2. 团队档案收集途径

酒店通过团队接待登记表记录团队名称、人数、在店时间、消费情况、具体要求、价格情况、酒店联络人等内容；通过团队意见征询表可了解团队对酒店的评价和建议；通过团队来店记录表了解团队的来店规律及分析对酒店的满意程度等情况；通过公司宣传册、公司网站等载体了解该公司情况。团队组织负责人的情况可按散客档案内容和收集方法进行收集。

（四）客史档案的内容

1. 客人（客户）的基本资料

客户的基本资料主要包括姓名、性别、年龄、生日、国籍、民族、生活习惯、工作单位、职业、职务、通信地址、住店原因、订房方式、接待单位、付款方式、证件号码与种类等。

2. 客人住店记录

客人住店记录主要记录客人各次抵离时间、用房种类、房价、消费情况、信用情况、特殊爱好、表扬或投诉意见、不检点行为、要求提供的特殊服务、曾享受的优惠和折扣等信息内容。酒店通过这些内容就能了解市场的基本情况，掌握"谁是我们的客人"。预订员根据这些档案内容，可以在客人再次抵店前就做好相应的准备工作，并通知有关部门采取措施，为客人提供有针对性的服务。

（五）客史档案的建立原则

（1）建立健全客史档案的管理制度，确保客史档案工作规范化。

（2）编定编目和索引，卡片存放要严格按照既定顺序。

（3）坚持"一客一档"，以便查找和记录。

（4）一张卡填满后以新卡续之，但原卡不能丢弃，应订在新卡的后面，以保持客史内容的连续与完整。

（5）定期整理。档案是要长久保存的资料，因此必须定期整理，纠正存放及操作失误，清理作废的卡片，以保持客史档案的完备。

（六）客史档案的建立方式

1. 登记单方式

这种方式是将客人住宿登记单的最后一联作为客史档案卡。由于要做成卡片存放，登记单最后联的纸应予以特殊考虑。通常最后一联是硬纸卡，反面还应印上每次客史记载的项目。这种方式简单易行，但编目保存较困难，而且记载的信息量不大。中、小型酒店手工操作的多采用这一方式。

2. 档案卡片方式

这是用专门印着各项须填写的客史内容，并按字母顺序编目的正规档案卡做客史档案卡。可以将卡片印制成各种颜色，用以代表不同的内容和含义，以便预订人员查找，而以此建档编目也比较正规适用，但作业量大。

3. 电脑方式

这种方式是在电脑系统中设定客史档案栏目，将客人的各种信息输入存储，以供随时查阅。该方式操作简便，信息存储量大，且易于保管。随着电脑的普及，这一方式将成为建立客史档案的最主要方式。

（七）客史档案的用途

（1）提供客人信息，开展针对性服务，提高工作效率和服务质量。

（2）推广销售，巩固既有客源市场，再创造新市场，争取更多的回头客。

（八）客史档案的管理制度

客史档案的管理必须得到酒店管理人员的重视和支持，并将其纳入相关部门和人员的岗位职责内，使之制度化、规范化。

实训三　散客客史档案整理

一、操作流程

操作流程：收集散客客史档案→建立散客基本信息→建立住店记录→一客一档→分类归整→归档保存。

二、操作要求

散客客史档案整理操作要求见表11-5。

表11-5 散客客史档案整理操作要求

操作任务	散客客史档案整理
操作时间	实训授课1学时，共计40分钟。其中，示范讲解10分钟，学生操作25分钟，考核测试5分钟
操作要求	（1）仪容、仪表符合职业要求。 （2）熟练掌握预订员基本业务知识。 （3）语音、语调轻柔适度，发音清楚，说话流利。 （4）操作规范，业务处理熟练无误，表单填写正确，电脑输入无误。 （5）应变协调能力强，有促销意识
操作用品	（1）装有酒店管理软件的电脑一台/组。 （2）提供一定量的、具有特征的客史档案资料
操作方法	每个学生利用电脑操作整理
操作方法	（1）角色扮演法。 （2）学生分成员工和领班，交替练习
操作步骤与操作标准	（1）实训前 ①准备实训用具与材料。 ②熟悉客史档案整理程序与内容。 （2）实训开始 ①收集散客客史资料。收集住店客人、餐厅客人、酒店康乐消费客人等资料。 ②设立客户档案卡。把收集的信息输入电脑，建立散客基本信息，内容主要包括姓名、性别、年龄、生日、国籍、民族、生活习惯、工作单位、职业、职务、通信地址、住店原因、订房方式、接待单位、付款方式、证件号码与种类。

续表

操作步骤与操作标准	③记录住店消费信息。记录客人各次抵离时间、用房种类、房价、消费情况、信用情况、特殊爱好、表扬或投诉意见、不检点行为、要求提供的特殊服务、曾享受的优惠和折扣等。 ④一客一档，分类归整。 ⑤归档保存。 （3）实训结束：教师点评

三、考核标准

散客客史档案整理操作考核标准见表11-6。

表11-6　散客客史档案整理操作考核标准

考核内容	考核标准	满分	实际得分
收集材料完整度	符合职业要求	3	
录入信息准确性	基本信息和消费信息正确	2	
分类归整	规范、清晰	3	
保存效果	已归档保存，一客一档	2	
总分		10	

任务四　安全事故的防范与处理

前厅部的大厅客人流动量大，是出入酒店的必经之地，且人员构成复杂，随时都有可能发生各种事故。因此，前厅部除了业务管理工作外，还应重视安全管理，它是提高服务品质和酒店声誉的重要一环。对酒店进行综合性风险评估是预防酒店安全事故发生的一种有效措施。

一、消防安全

火灾在所有灾难中最普遍，在公众场合也最容易造成大量人员伤亡。酒店的每一个角落都容易发生火灾。因此，对于酒店这样人员密度极高的场所，消防安全尤为重要。

1. 火灾的类型

引发火灾的因素主要有吸烟、电器着火、明火作业等。火灾可以分为三种类型：A类火灾是指木头、纸等起火；B类火灾是指易燃液体起火；C类火灾是指电起火。

2. 基础消防设备

按照国家规定配备，符合标准的消防设备主要有以下几种。

（1）烟感报警器（如图11-1所示）。当室内烟雾达到一定浓度时，烟感报警器便会自动报警，这有利于及时发现火情。

图11-1　烟感报警器

（2）热感报警器。当火灾的温度上升到热感器的动作温度时，热感器的弹片便会自动脱落造成回路，引起报警。

（3）手动报警器。当有人发现附近有火灾时，可以立即打开玻璃压盖或打破玻璃使触点弹出，引起报警。还有一种手压报警器，只要按下这种报警器的按钮即可报警。

3. 灭火方法

灭火的方法是多种多样的，主要有以下几种。

（1）隔离法。将可燃物质移开，使燃烧停止。

（2）窒息法。阻止空气流入燃烧区，切断燃烧的给氧，使燃烧停止。

（3）冷却法。将水或灭火物质直接喷射到燃烧物上，将温度降到燃点以下，使燃烧停止。

（4）抑制法。使用化学灭火剂抑制燃烧，使燃烧停止。

4. 提高员工防火意识

前厅员工应加强防火意识，做到以下几点。

（1）牢记酒店安全出口、灭火器、消防栓的位置。

（2）了解各个工作区域的空调、照明、水电系统的开关位置。

（3）严禁在工作中吸烟、喝酒，以减少火灾发生的可能性。

（4）随时提高警惕，发现火警征兆或问题，要及时采取措施，及时报告。

（5）定期进行安全检查，清除隐患。

5. 酒店防火措施

酒店应制定相应的前厅防火措施，具体应注意以下几方面。

（1）提高观察力度，及时发现并制止客人将危险物品带入酒店。前厅服务人员在向客人提供接待服务过程中，应提高警惕，随时留意客人是否将易燃易爆、枪支弹药等危险物品带入酒店。一旦发现，应及时向保安部和大堂副理报告。

（2）在前厅区域配置足够多的烟灰缸。酒店前厅是客流量最大、人员最复杂的地方，吸烟的客人也特别多。为此，前厅员工要注意吸烟的客人，以防客人乱扔烟头而引发火灾。为避免客人乱扔烟头，前厅部应在电梯厅、休息区等人流易驻足的地方配置足够的立式烟灰缸，在供客人休息区域的茶几上放置烟灰缸，并及时清理烟蒂等残存物。

（3）在行李寄存处严禁吸烟。客人寄存的行李往往多而杂，因此严禁行李员及工作人员在行李寄存处吸烟。

（4）行李房内不准使用违规电器。行李库房内不得使用电炉、电取暖器、电熨斗等电器。

（5）前厅员工不得私自加装、动用电器设备。前厅需增加电器设备或更新原设备时，必须经过主管部门、工程技术部同意，不可私自装卸。

（6）前厅员工应加强日常巡视检查工作。前厅服务人员每天每个班次都要检查所使用各种设备的状况，若发现险患应立即向本部、工程部和保安部门报告，采取积极措施，予以修理，或进行更换。

6. 火灾的应急处理

若火灾已经发生，前厅人员应协调各部门做好应急处理。在平常的消防演习和救援培训时，前厅服务人员应该明确及熟悉各自的职责和任务，培养临危不乱的心理素质和专业素质。酒店发生火灾的处理流程如下。

（1）及时发现火源。当听到自动报警装置发出火警信号或闻到烟味时，应该停止一切工作，迅速到场查明情况。根据掌握的住客情况，有针对性地查找火源。

（2）及时报警。如果发现火情，要查明火源的准确位置以及燃烧物质，并立即报警。报警时一定要镇静，口齿清楚、讲明情况。

（3）及时扑救。如果火源燃烧面积不大时可用水桶、灭火器材、消防栓等进行扑救，同时注意客人的安全。

（4）疏导客人。发生火灾时，一定要有组织、有计划、有步骤地疏散客人，这对减少伤亡极为重要。

①坚守岗位。随时回答客人的询问，安抚、稳定客人的情绪。

②及时控制电梯。靠近电梯的前厅服务人员迅速将自动电梯放入最底层，并告诫客人不要乘用电梯，不要回房间去拿物品。

③妥善保管财务和资料。收银员迅速转移现金、客账等重要财物，并安排专人保管。接待员要迅速整理客人的住宿登记资料，在接到疏散命令并在指定地点集合后，根据客人住宿登记资料尽快清点客人人数，将清点结果向保安部门汇报。

④妥善安置客人物品。行李员迅速将客人寄存的物品转移到安全地带并派专人看守。

⑤协助疏散。门童迅速打开所有通向外面的出口，协助保安人员组织客人向外疏散，阻止无关人员进入大厅。

二、意外事故的防范与处理

由于酒店人员复杂，除了火灾以外，还可能出现很多意外事故，因此提高员工对意外事故的防范与处理能力也十分重要。

1. 做好防盗工作

对于酒店来说，人流量非常多，且人员混杂，很难完全杜绝盗窃行为，为此，酒店应对员工进行多方面的教育和培训。

（1）加强员工的职业道德教育和对盗窃行为的识别与防范能力。具体包括以下几方面。

①具有良好的职业素养和健康心理；能够维护自身合法权益；严格遵守岗位职责，对于可能涉及安全的问题，员工应立即报告；熟悉酒店监控系统和安全报警装置。

②不在总服务台大声说出客人的房号。如果有人询问客人房间号码，总机话务员只能提供该客人的客房电话，但不会说出房号。同样，在给客人发放钥匙时不要在总服务台说出房号。

③总服务台接待员对任何来领取钥匙的人都应要求其出示证件。如果证件上没有照片，那么领取钥匙的人还需提供一些资料，如家庭地址、单位名称、电话号码等。

④代客停车时应用三联单来控制车辆。第一联交客人作为收据，第二联和第三联与车钥匙放在一起。当客人要取车时，第二联作为部门留存，第三联放在车上，在将车归还客人时，必须将客人手里的第一联和车上的第三联进行核对。

（2）制定严格的钥匙管理制度。

①领发、归还、交接钥匙都必须登记签名。

②上班期间，钥匙应该随身携带，不得乱放，以防遗失。

③不得将钥匙借给他人使用。

④不得将工作钥匙带出酒店。

⑤员工违反酒店有关客房钥匙使用的规定，或遗失钥匙，要承担责任。

另外，磁卡钥匙的制作者及密码应该由酒店高层管理人员专人负责与控制，应随时查对制作钥匙的情况，还应该根据不同的管理层次规定制作人员的权限。每一位磁卡钥匙制作者都应该有独立密码进入制作系统，以确保安全。

（3）加强对门厅大堂保卫工作的管理，密切注意大堂内客人活动。

①制定《宾客须知》，明确告诉客人一些注意事项。

②建立、健全访客的管理制度，明确规定访客的手续及访客时间，严格控制无关人员进入酒店。

2. 做好停电事故的紧急处理

有许多不可预料的因素会造成停电事故的发生，既有外部供电系统问题引起的，也有酒店内部供电系统故障导致的。因此，酒店应配备大型的发电机，一旦发生意外停电，便可启动发电机进行供电。这是应对停电的最理想方法。没有发电机的酒店，可以配备足够数量的应急灯，以满足照明需要，以防造成客人恐慌。

酒店里还可能出现各种预料不到的意外事故，这就要求管理者和员工能够做到未雨绸缪、临危不乱，及时处理，妥善解决。

课后练习

一、选择题

1. 客史档案分为（　　）。

A. 客人隐私　　　　　　　　B. 客人在当地的旅游经历

C. 住客客史　　　　　　　　D. 客人在商场的消费

E. 宴会客史

2. 以下有关客史档案正确的说法是（　　）。

A. 客史档案应该定期清理

B. 客史档案应该注意"一客一档"

C. 宴会客史档案一般由餐饮部收集

D. 客史档案应专人负责、有章可循地管理

E. 建档方式有登记单方式、档案卡片方式、电脑方式三种

二、判断题

1. 客房状况信息可分为长期客房状况显示和短期客房状况显示两个时段。
（　　）

2. 客史档案管理过程中，制作索引也非常重要。（　　）

三、简答题

1. 住客客史通常包括哪些内容？它有什么用途？

2. 简述前厅文档管理的重要性及原则。

3. 简述建立客史档案的方式以及使用电脑建档的好处。

四、思考题

1. 酒店基层管理人员的基本素质要求是什么？

2. 酒店管理人员为什么要从基层做起？

3. 班组制度的执行为什么要讲究艺术性？

4. 邀请酒店的领班、主管人员谈一谈是如何做基层管理工作的。

五、案例分析

某酒店厨师李小虎的母亲患病住院。有一天，母亲说想喝排骨汤，李小虎便答应第二天烧好送来。可近半个月来酒店生意非常好，员工一直都很忙，李小虎白天上班，晚上到医院陪床，他又不愿请假耽误工作，因此感到非常疲惫。第二天，醒来时已是上午9点多钟，离上班时间不到1小时。于是李小虎就忙赶到酒店上班，下班时才想起答应母亲的事，一着急就从厨房拿了一些排骨给母亲煲汤。事情发生后，餐厅经理与他谈话，李小虎感到非常委屈，与领导顶撞了起来。酒店决定给予警告处分，并罚款50元，扣发其3个月奖金。

请分析：

1. 如何看待酒店对李小虎的处分？

2. 如何进一步解决这个问题？

参考文献

1. 黄志刚．前厅服务与管理．2版．［M］．北京：北京大学出版社，2015．
2. 罗峰，杨国强．前厅服务与管理．2版．［M］．北京：中国人民大学出版社，2018．
3. 于玥．前厅服务与管理［M］．上海：华东师范大学出版社，2017．
4. 曹艳芬．酒店前厅服务与管理［M］．天津：天津大学出版社，2011．
5. 王秀红．前厅客房服务与管理［M］．北京：北京理工大学出版社，2019．
6. 李妍．酒店服务礼仪［M］．北京：中国人民大学出版社，2019．